JN038867

「幸福な老い」と世代間関係

職場と地域におけるエイジズム調査分析

原田 謙

勁草書房

まえがき

「幸福な老い」の条件

　人生 100 年時代といわれる今，幸福に老いる条件とは何だろうか．条件として思い浮かべるものは，人それぞれ違うかもしれない．この「幸福な老い」，すなわちサクセスフル・エイジング（successful aging）については，社会老年学において，高齢者の主観的幸福感（subjective well-being）に関する研究が積み重ねられてきた．そこでは，疾病のリスクの低さ，心身機能の維持とととともに，社会活動への参加や人間関係の重要性が議論されてきた．

　人間関係は，家族・親族，隣人，友人関係のサイズや接触頻度といった社会的ネットワーク（social network）と，経済的あるいは情緒的な支援などの社会的サポート（social support）によってとらえられる．一方，人間関係は，支援といった肯定的側面だけでなく，イライラさせられたり，過剰な要求をされたりする否定的相互作用（negative interaction）もともなう．われわれは，困ったときに助けてくれる「つながり」とともに，不快な気持ちにさせられる「しがらみ」に埋め込まれて暮らしているのである．

　これまでの幸福な老いの議論では，親子関係という世代間関係（intergenerational relationships）については，とくに老親扶養に関する研究が蓄積されてきた．この第一の生活空間である家庭内の世代間関係に対して，第二の空間である職場や第三の空間である地域における世代間関係は，高齢者の就業継続や地域における世代間の助け合いが政策課題になっているのにもかかわらず，意外なほどにきちんと議論されてこなかっ

た．

　そこで本書では，「超高齢社会」日本における職場と地域における世代間関係を，エイジズム（ageism）という概念を鍵に，再考したい．

日常生活におけるエイジズム

　このエイジズムという概念は，あまり聞きなじみがないかもしれない．

　日常生活には，さまざまな偏見や差別がひそんでいる．たとえば，白人による黒人差別のように，人種や民族による差別である「レイシズム」が，世界中にいまだに残っている．この文章を書いている今も（2020年6月），アメリカでは，黒人男性が白人の警察官に押さえつけられて死亡した事件を契機に，レイシズムに反対する抗議デモが続いている．これは他人ごとではない．日本でも，ヘイトスピーチというかたちで，在日コリアンに対する偏見や差別が社会問題になったことは，記憶に新しい．

　一方，性（とくに男性による女性に対する）差別である「セクシズム」について，われわれは，職場におけるセクシャル・ハラスメントであったり，女性の管理職比率の低さであったり，さまざまな男女格差の現実を知っている．

　このレイシズムとセクシズムにくらべると，エイジズムという言葉の認知度は低い．しかし，誰でも年をとる．エイジズムを「高齢者に対する偏見・差別」ととらえれば，レイシズムやセクシズムとは異なり，誰もが差別の対象になりうる．また，多くの日本人は年齢に敏感である．初対面の人だと「この人は年上かな，年下かな」と思ったり，同じ年であることがわかると，ちょっと盛り上がったりしてしまうことはないだろうか．

　就業や社会保障をめぐる問題では，高齢者と若年者（本書では20, 30代をさすことが多い）という世代に分けて議論されることが多い．最近で

は，地域では高齢者向けの施設を充実させるべきか，それとも若年者（子育て世代）向けの施設を充実させるべきかという議論もある．ちなみにわたしは「団塊ジュニア」「氷河期世代」「ロストジェネレーション（失われた世代）」とよばれる40代後半である．高齢者を研究対象とする研究者であるとととともに，大学では学生という若年者を指導する教員でもある．まさに高齢者と若年者の「あいだ」に位置している．

とくに職業生活をめぐっては，定年を何歳に引き上げるべきかとか，年金支給年齢の引き上げにともない何歳まで働くべきかという「年齢」を基準にした議論が展開されやすい．人口減少社会における労働力不足という現実もあって，こうした高齢者の就業継続が既定路線になると，景気が上向きの時は良いが，そうでないと若年者の雇用を圧迫することにもなりかねない．

さらに職場によっては，定年延長や継続雇用で，朝の数時間しか姿をみせない「妖精さん」がいるのではないだろうか（朝日新聞2019年11月12日朝刊）．職場に居続ける高齢者が，ろくにパソコンもできずに，デスクで新聞を読んでいるだけで，それなりの給料をもらっていたら，若年就業者は「あの人，はやく会社やめてくれないかな」と思うだろう．

地域生活をめぐっては，高齢者の介護や，若年世代の子育て支援といった課題に関連して，高齢者と若年者の世代間の助け合い（＝世代間互酬）が各地で展開されてきた．しかし，日常生活で「キレる」高齢者をみかけることも少なくない．実際に，ベビーカーを押している母親にむかって「邪魔だ」と声を張り上げているお年寄りや，スーパーなどで若い店員さんに食ってかかっている高齢者をみかけると，がっかりする．

本書で明らかにしたいこと

年齢にもとづく偏見・差別というエイジズムの議論のみならず，エイジング（老い）をめぐる議論は，このように一般的にネガティブな話に

なりやすい．あるいは，「アンチ・エイジング」といったかたちで，老化という生物学的な過程を無理に押しとどめよう，あるいは見た目を若返らせようとする話になりやすい．そこで本書では，エイジズムの反論として提示されたプロダクティブ・エイジングといった概念も紹介しながら，老いといったものをよりポジティブな観点から見つめなおしてみたい．

「若年者の高齢者に対する否定的態度」あるいは「高齢者の若年者に対する否定的態度」としてとらえられるエイジズムはどのように測定され，こうした「年齢にもとづく偏見・差別」は何によって規定されているのだろうか．そして職場における世代間関係や，地域におけるボランティア活動は，高齢者自身の主観的幸福感にどのような影響を及ぼしているのだろうか．本書のねらいは，実証研究の知見にもとづいて，これらの問いに答えることである．

本研究は，学際的な科学としての老年学における理論枠組みをふまえながら，エイジズムにかかわる分析課題を，量的データを用いて実証する「心理・社会調査」のアプローチをとる．具体的には，第Ⅱ部以降の各章で設定されたリサーチ・クエスション（「どのように高齢者に対するエイジズムを測定するのか？」「職場でのエイジズムは幸福感を低下させるのか？」など）が，「エイジズム調査」「世代間関係調査」「東京中高年者調査」の3つのデータを用いて解明される．

本書は，社会学，心理学や老年学の研究者や学生のみならず，エイジズムという言葉をはじめて聞いた人や，みずからの「老い」を考えてみたい人などにも読んでいただきたい．だから「手っ取り早く内容を知りたい」という方は，序章と第Ⅰ部にざっと目を通して，エイジズムという概念，そして国際比較データからみた日本の高齢者の状況を理解したうえで，終章（＝結論）を読んでほしい．そのうえで関心を持てそうな第Ⅱ部と第Ⅲ部の各論に戻っていただきたい．もちろん研究者や，高齢

社会論や心理・社会調査に関心があって本書を手に取った学生には，第II部以降の各章も，丹念に読んでいただきたい．多くの章は，（かなり手を加えたが）『老年社会科学』に掲載された原著論文が下敷きになっているので，「目的・方法・結果・考察」という科学論文のスタイルをとっている．とくに，どのような尺度（ものさし）を使って分析をしているのかに関心がある方は，方法のセクションを熟読してほしい．

　本書が，エイジズムという概念を鍵にして，「超高齢社会」日本の職場と地域における世代間関係，そしてひとりひとりの幸福な老いを再考する一助になれば幸いである．

目　次

目　次

序　章　「超高齢社会」日本の職場と地域
　　　　における世代間関係
──エイジズムを手がかりに考える

1. 超高齢社会を超えて

　2019（令和元）年における日本の高齢化率は 28.4% である．この数値
は，日本が世界でもっとも高齢化が進んでいる国であることを示してい
る．日本の高齢化率は，先進国間で比較すると，1980 年代では比較的
下位にランクされていたが，1990 年代には中位になり，2005 年には最
高位にランクされるようになった（図序 1-1）．この高齢化の数値ひとつ
だけをみても，日本（の高齢者）は，「世界的な高齢化の時代におけるパ
イオニア」であるといえる．

　人口に占める 65 歳以上の高齢者の比率が 7% を超えると「高齢化社
会（aging society）」，そして 14% を超えると「高齢社会（aged society）」
とよばれる．この国際基準によれば，日本は 1970（昭和 45）年に高齢化
社会に突入し，1994（平成 6）年に高齢社会に達している．さらに高齢
化率が 20% もしくは 21% を超えると「超高齢社会」とよばれるが，日
本は 2007（平成 19）年にその段階に達し，今では「超・超高齢社会」と
よぶべき水準なのかもしれない．

　高齢化社会から高齢社会に至る年数，つまり高齢化率が 7% を超えて
から 14% に至るまでの所要年数は「倍化年数」とよばれ，高齢化のス
ピードを示す指標として用いられている．この倍化年数をみると，ドイ
ツは 40 年，スウェーデンは 85 年，アメリカは 72 年であり，日本の 24
年という年数がきわめて短いことがわかる（国立社会保障・人口問題研究

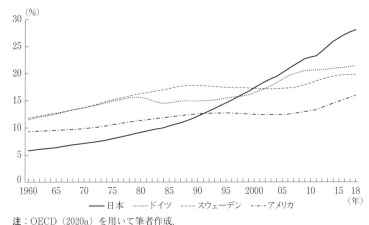

注：OECD（2020a）を用いて筆者作成.

図序-1　高齢化率の国際比較

所 2020). つまり，日本は，世界最速のスピードで高齢化が進展したのである. この倍化年数という指標からみると，韓国やシンガポールなどのアジア諸国で，日本を上回るスピードで高齢化が進みつつある. こうした観点からも，超高齢社会・日本の動向は，世界から注目されているといってよいだろう.

2.　エイジズムとは何か？

1)　第三のイズム――エイジズムの定義

　この超高齢社会・日本において，就業や年金をめぐる高齢者と若年者の世代間対立の問題から，介護場面における高齢者虐待の問題まで，近年エイジズム（ageism）に関する議論が盛んになりつつある. ここで，本書の鍵概念である「エイジズムとは何か」について，詳しく整理しておこう.

　エイジズムは，第三のイズムともよばれる. 第一のイズムは，レイシ

2

ズム（racism）とよばれる人種差別である．レイシズムをめぐっては，日本人でも，小中学校の教科書で，黒人差別の歴史を，奴隷制度や南北戦争について学んできた．また，キング牧師の「私には夢がある」の演説に象徴される公民権運動が，1960 年代に教育や雇用における差別撤廃を求めて展開された[1]．

　第二のイズムは，セクシズム（sexism）とよばれる性差別である．セクシズムをめぐっては，19 世紀末から 20 世紀初頭における女性の参政権を求める第一次フェミニズム運動が展開され，1960 年代以降には，地域や職場における実質的な平等を目指す第二次フェミニズム運動が展開された．今日の日本においても，男女共同参画社会の実現を目指して，職場における男女格差を解消するための積極的な取り組み（ポジティブ・アクション）が進められている．

　そしてエイジズムは，アメリカ社会における第三の「イズム」であると表現され，老年学における重要なキーワードの 1 つになっている．ただ日本において，エイジズムという言葉自体は，レイシズムやセクシズムに比べると，一般市民にはあまりなじみがないだろう．

　このエイジズムという概念は，アメリカ国立老化研究所（National Institute of Aging; NIA）の初代所長を務めたロバート・バトラーによって 1969 年に初めて紹介された（Butler 1969）．バトラーは，エイジズムを，人種差別や性差別が肌の色とジェンダーに対して向けられるのと同じように「高齢であることを理由とする，人びとに対する系統的なステレオタイプ化と差別のプロセス」と定義している（Butler 1995）．そしてかれは，当時のアメリカ社会における高齢者の実態を描いた『老後はなぜ悲劇なのか』でピューリッツァー賞を受賞している（Butler 1975＝1991）[2]．

　一方，アードマン・パルモアは，エイジズムを「ある年齢集団に対する否定的もしくは肯定的なあらゆる偏見と差別」と定義している（Palmore 1999＝2002）．ある年齢集団に対する否定的偏見とは，「ほとんどの

3

高齢者はボケている」という信念など，その年齢集団に関する否定的な
ステレオタイプのことである．そして，ある年齢集団に対する否定的差
別とは，採用から昇進，退職に至る雇用において典型的に表れる，その
年齢集団の成員に対する否定的な扱いのことである．パルモアは，こう
した「否定的エイジズム」だけでなく，「ほとんどの高齢者は親切であ
る」といった俗説や，高齢者を優遇する社会保障制度など，高齢者に対
する肯定的な偏見と差別である「肯定的エイジズム」も同じように議論
している．

　エイジズムの測定に関しては，第3章で詳述するが，高齢者に対する
「敵対的エイジズム（hostile ageism）」に対して，過剰に保護的な態度を
とる「慈善的エイジズム（benevolent ageism）」という概念も提示されて
いる（Cary et al. 2017）．「助けを求めていなくても，高齢者は常に助け
られるべきだ」「話しかけられたことを理解するのに時間がかかること
があるので，高齢者にはゆっくり話すのが良い」と表現されるように，
高齢者は「温かいが無能である」といった認知の対象とされる．

　職場におけるエイジズムに焦点をあてると，コリン・ダンカンは「年
齢差別は，単一の明確に定義できる抑圧された集団が存在しないという
点において，他の差別の形態とは異なる」と述べ，誰もが年齢差別の対
象になりうる点を強調している（Duncan 2003）．制度（組織）レベルで
いえば，エイジズムは，採用，昇進，解雇という場面であらわれる．60
歳であろうが，65歳であろうが，一定の年齢にもとづく定年退職制度
は，人びとの能力ではなく，単純に年齢にもとづいて判断するという点
において，エイジズムといえるだろう．また対人関係レベルでいえば，
高齢就業者は，職場における日常的な接触のなかで，無視されたり，
「窓際」に追いやられたり，偏見や差別の対象になりやすいかもしれな
い（Chou & Choi 2011）．

　このように「高齢就業者に対する偏見・差別」という狭義のエイジズ

ムについては，ある程度の関心を集めてきた．しかし一方で，海外では，職場で偏見・差別を受けているのは高齢者ではなく若年者であるといった「若年就業者に対する偏見・差別」を強調する議論も出てきている．たとえばオーストラリアの調査データは，高齢就業者による年齢差別の認知は低減していること，そして 15〜24 歳の若年就業者の方が 55〜64 歳の高齢就業者よりも年齢差別を経験していることを示している（Taylor & Smith 2017）．またイギリスでも，若年者の方が，高齢者よりも年齢差別を深刻にとらえているという報告がある（Sweiry & Willitts 2012）．

　こうした昨今の状況をふまえると，エイジズムを，狭義の「高齢者に対する偏見・差別」という定義のみで議論するのは適切でないのかもしれない．先に確認したように，日本の高齢化率が 7% を超えて「高齢化社会」に突入した時代（1970 年），そして 14% を超えて「高齢社会」に突入した時代（1994 年）には，たしかに高齢者はマイノリティだった．しかし，高齢化率が 30% になろうとしている今日の日本社会では，高齢者はもはやマイノリティではない．雇用にしろ，将来の年金にしろ，割を食っているのは若年者なのかもしれない．とくに職場におけるエイジズムを検討する場合，「高齢者の若年者に対する偏見・差別」に目を向ける必要があるだろう．そこで本書では，エイジズムを「高齢者に対する偏見・差別」という狭義の定義だけでなく，「年齢にもとづく偏見・差別」という広義の定義も採用することにする．

2)　日本のエイジズムを考えるということ

　エイジズムは，世界中どの国でもその重要性を増している論点であり，とくに欧米以外の研究蓄積が求められている．やや大上段に構えて，国際比較という観点からいえば，本書は大きく 2 点の貢献ができるだろう．
　第一に，本研究は，日本におけるエイジズム調査のデータ分析によって，欧米で蓄積されてきた知見の「交差文化的な妥当性（cross-cultural

validity）」を検証することができる．つまり，欧米で検証された知見が，日本にも当てはまるのかを検討することができる．たとえば，アメリカの研究では「生活満足度が低い若年者ほど，エイジズムが強い」といわれているが，こういった傾向は日本にもあてはまるのだろうか．とくに欧米では，東アジアにおける親孝行の文化が強調されてきたが，本当に日本では高齢者に対する偏見や差別が低いのだろうか．それは単に理想化されたイメージなのではないだろうか．実際には，高齢者をうわべでは敬って（タテマエ），実際には「遠ざける」（ホンネ）という使い分けも存在しているだろう．

　第二に，日本は，世界的にみても急速な高齢化を遂げた国であり，このまま進めば近い将来に深刻な労働力不足に直面する可能性が高い国である．だから，現実に高齢者の就業継続が，重要な政治課題になっているのである．したがって，日本という超高齢社会におけるエイジズム研究は，これまでの退職年齢を超えて働き続ける社会を模索する国々に対して，有益な知見を提供することができる．

3.　学際的な鍵概念としてのエイジズム

1)　学際的な科学としての老年学

　エイジングに関する科学的研究は，老年学（gerontology；ジェロントロジー）とよばれる．老年学は，身体の老化や老人病を研究対象とする老年医学（geriatrics）と，老化の社会的側面を研究対象とする社会老年学（social gerontology）に大きく分けることができる．本研究で取り上げるエイジズムも，老化の社会的側面にかかわる問題であり，社会学，心理学，経済学，経営学など，さまざまな研究分野からのアプローチが可能である．古谷野亘が的確に指摘しているように，老年学は，必然的

に学際的（interdisciplinary）な科学にならざるを得ない．学際性は「エイジングという現象の特質に由来する老年学の特徴」なのである（古谷野 2008）．[3]

　1945 年に設立されたアメリカ老年学会（Gerontological Society of America）は，今年（2020 年）に 75 周年を迎える．学会誌ではこれを記念してさまざまな特集が組まれているが，「老いに対する態度」に関する研究の発展も振り返られている（Chu et al. 2020）．社会のメンバーによって，高齢者および老化のプロセスはどのように見られてきたのかを理解することは，学会の重要なテーマであり続けてきた．この研究史においても，バトラーによってエイジズムという概念が作り出された 1969 年と，「サクセスフル・エイジング（successful aging; 幸福な老い）」という理念が強調された 1997 年は，重要な年として記載されている．

　ケネス・フェラーロは，ライト・ミルズの「社会学的想像力（sociological imagination）」をパラフレーズして「老年学的想像力（gerontological imagination）」という見方を提示している．ミルズの社会学的想像力とは，「世界におこりつつあることを把握しようとし，社会における個人の生活史と歴史との微妙な結節点である自分たちみずからのうちに，何が生じつつあるかを理解しようとする」資質のことである（Mills 1959＝1995）．たしかにこの想像力の重要性は，社会学に限ったものではないだろう．フェラーロは，老年学的想像力とは，「発達と老化を研究するさまざまな分野からの貢献を統合し理解することを可能にする，老化のプロセスについて考える方法」であると述べている（Ferraro 2018）．そして，エイジズムは老年学的想像力が欠如した結果であるとし，高齢者の多様性を過度に単純化する思考によって増殖すると指摘する．エイジズムは，年齢が原因であると言われているものについて，人びとが騙されているときに繁栄するのである．

2)　社会学

　エイジングに関する社会学の理論的なアプローチは，個人の老化に焦点を当てるミクロ理論と，集団（社会）の老化に焦点を当てるマクロ理論に大きく分けることができる（杉澤 2007）．活動理論，離脱理論，継続理論については第1章で詳しく取り上げるので，ここではマクロ理論のひとつである「近代化理論（modernization theory）」を紹介しよう．

　マクロな社会変動である，近代化と高齢化に関する理論の基本的な考え方は，「近代化の進行は高齢者の地位低下をもたらす」というものである．ドナルド・コウギルは，「健康技術」「経済技術」「都市化」「教育」という近代化の4つの側面を取り上げ，高齢者の地位低下との関連を以下のように整理している（Cowgill 1974）[4]．

　第一に，医療の進化や衛生の向上は寿命の上昇をもたらし，高齢者人口の増加をもたらす．これは，結果として仕事をめぐる世代間競争を引き起こし，高齢者を労働市場から追い出すことになる．そして，退職に伴う収入減は，高齢者の地位低下をもたらすことになる．

　第二に，経済セクターにおけるテクノロジーの進化は，新しい，より専門的な職業を創出する．こうした職業には，技術的な訓練を受けた若年者の方が適合的である．同時に，多くの高齢者の職業は時代遅れになる．結果として，早期退職の圧力が生まれ，それに伴い収入と地位の低下が引き起こされる．

　第三に，近代化が進行する社会では，若年者は，村落から新しい仕事とさまざまな機会が存在する都市に移動する．そうすると高齢者は後背地に取り残される．若年者は経済的に自立するだけでなく，富と地位において高齢者を凌ぐことになる．

　第四に，識字，大衆教育，技術的な訓練は，近代化の前提条件である．結果として，若年者は高齢者より学歴が高くなり，ひいてはより給料の

良い，より威信が高い仕事につくようになる．したがって，高齢者は教育を受ける機会がはく奪されているだけでなく，若年者から知的に分離されている．

このような老いの近代化理論は，失われた過去を礼賛しすぎている点，あるいは前近代化社会の高齢者を高く評価しすぎている点から，さまざまな批判を受けてきた．しかし，この高齢者の地位低下を説明するプロセスが，エイジズムにも影響を及ぼしていると考えられる（Palmore 1999＝2002）．

日本においても，天野正子は「近世を生きた人びとは，老いを人間にとって自然の理の１つとしてとらえ，それを忌避しようとも，逆に賞賛しようともしなかった」と述べ，人びとのそうした老いへのまなざしと，それを根底で支える心性が，明治以降の近代化の過程で変容していったことを指摘している．国家主導の日本の近代化は，土着の思想や文化のなかに近代化のコースを求めようとしたのではなく，それらを解体する方向で工業化を達成し，集権化をすすめてきた．天野は，そうした近代化方式のもとで「土地ごとの暮らしに根ざした老人の知は古ぼけ，遅れたものとして周辺に追いやられることになった」と述べる（天野 1999）⁵．

21 世紀の今日においても，仕事の数が限られていれば，若年就業者と高齢就業者は競合関係になる．そして脱工業社会において増加している職種を考えれば，高齢就業者の技能と知識は古くさく，若年者から見れば，高齢者は時代から取り残された役立たずに見えてしまうだろう．

3）　心理学

パルモアは，エイジズムの心理的（個人的）要因として，権威主義的パーソナリティ，フラストレーション－攻撃理論，選択的知覚，合理化，無知，老人嫌悪と死の不安の６点を挙げている（Palmore 1999＝2002）．

パルモアの議論を整理すると，

① 　権威主義的なパーソナリティは，さまざまな人種・民族集団に対して偏見をもつ傾向がある．こうしたパーソナリティをもつ人びとは高齢者に対しても偏見をもつ傾向があることが示されている．

② 　フラストレーション（不満）が，マイノリティ集団を非難し，その不満のはけ口（スケープゴート）とするプロセスを通じて，かれらに対する偏見の原因になることも示されてきた．

③ 　人びとは「知覚したいと思うものを知覚する」という選択的知覚という傾向をもつ．この選択的知覚は，ステレオタイプの持続という観点において，非常に重要である．なぜなら，われわれは通常，高齢者のステレオタイプに合わない限り，その人を高齢者として認識しないからである．

④ 　合理化は偏見と差別を支えるもう1つの心理的プロセスである．合理化は，ある人の行為の原因を，その真の動機を分析することなく，もっともらしい動機に求める．高齢者に対する肯定的差別も否定的差別も，しばしばかれらに対するステレオタイプにもとづいて合理化されている．

⑤ 　加齢に関する事実にたいする単純な無知も，高齢者に対する偏見と差別の一因になるかもしれない．

⑥ 　老人嫌悪は死への不安にもとづいているかもしれない．なぜなら私たちの社会では高齢であることと死を結びつけがちだからである．老人嫌悪は，子どものころに高齢者からの虐待に苦しんだことによって引き起こされているのかもしれない．

パルモアによれば，こうした個人的な心理的プロセスが，偏見一般，とくにエイジズムが，個人のパーソナリティ，知覚と思考の様式，そして子ども時代の経験によって部分的に説明できることを示している．

日本における先行研究では，唐沢かおりが，エイジズムの存在を説明

する心理学的な理論として，社会的アイデンティティ理論，恐怖管理理論，病気回避メカニズムの3点を挙げている（唐沢 2018）．

① 社会的アイデンティティ理論は，内集団（自分と同じ集団）に所属しているか，外集団（自分とは異なる集団）に所属しているかという区別に基礎をおく．エイジズムの議論でいえば，年齢という属性にもとづき，若年者は高齢者を外集団とみなす．そして若年者は，外集団である高齢者と距離を取り，かれらを低く評価することによって，みずからの肯定的な評価を維持しようとするという説明である．

② 恐怖管理理論は，「人間はいつか死ぬ運命にある」という死の脅威から自己を守るために，みずからが社会のなかで価値あるメンバーであるという感覚を維持しようとするという見方である．先に述べたパルモアの議論にもあった通り，若年者にとって高齢者は死（という脅威）を想起させる存在である．そのような脅威に対処するため，自己を高齢者から遠ざけようとすることがエイジズムにつながるという説明である．

③ マスクもつけずに咳込んでいる人が隣にいれば，嫌悪感を覚え，その人からなるべく離れようとするだろう．こうした感情や行動は，感染症にかかる危険を回避しようとする病気回避メカニズムの表れである．エイジズムの観点からすると，高齢者は身体的な衰えが生じやすく，加齢とともに免疫力も低下するので，高齢者は病気と認知的に結びつきやすい．その結果，高齢者への嫌悪や回避が生じるというのである（Duncan & Schaller 2009）[6]．

4）経済学，経営学，法律学

社会老年学という「学問」的な観点からいえば，これまで述べてきた社会学と心理学をバックグラウンドとするアプローチを中心に，エイジ

ズムに関する議論は展開されてきた．しかし，今日の日本では，高齢者の継続雇用といった「実践」的な観点から，経済学，経営学や法律学といった分野において，（とくに職場における）エイジズムの議論が重要になっている．

　これまでも，エイジズムという概念を使わなくても，経済学を中心とする社会保障政策は，その受給と負担のバランスをめぐって，若年者と高齢者の世代間対立の図式で議論されてきた．実際に，高齢化が進めば進むほど，高齢者の年金給付や医療給付のために，若年世代の負担はますます重くなる．この世代間対立の解決策の１つは，日本の高齢者にはもっと働いてもらい，みずからこの超高齢社会を支えてもらうという考え方である．現実に，日本の高齢者の就業意欲は高いので，第２章で詳述するように，高齢者の雇用政策と年金政策はセットで議論されてきた．このような経済学的な観点からすれば，清家篤が言うように「年齢にかかわりなく活躍できる社会」，すなわち「エイジフリー社会」の構築が目指されることになる（清家 2006）．

　この高齢者の就業継続という論点は，高齢者を雇う企業側の視点から見れば，経営学における人的資源管理の重要な課題でもある．あるいは，外国人雇用，女性雇用，障害者雇用などとともに，年齢という属性にかかわるダイバーシティマネジメントの課題とも位置づけられる．たとえば高木朋代は，エイジズムやプロダクティブ・エイジングに関する議論をふまえた上で，高齢期になっても必要とされ続ける人材を育成し活用する企業のマネジメントとはどのようなものかを検討している（高木 2008）．その結果，定年前後の雇用管理を整えるだけでは不十分であり，入社から定年に至る長期的視点に立った人的資源管理が求められていることを指摘している．

　このように高齢者の雇用促進が政策課題になるとともに，日本においても雇用の場における年齢差別禁止をめぐる法律学の議論が展開される

ようになった．そもそもアメリカでは，エイジズムという概念が登場した今から半世紀前に，「雇用における年齢差別禁止法（Age Discrimination in Employment Act of 1967; ADEA)」が制定されている．この連邦法によって，採用や解雇をはじめとする雇用のあらゆる場面における年齢差別が規制され，一部の職種を除いて定年制も違法となる．アメリカにおける年齢差別禁止法の成立は，世界的にみても格段に早い．その直接的契機となった出来事は，1964 年の公民権法制定であり，その原動力としての公民権運動の影響があったとされる（柳澤 2008).

　また年齢にかかわりなく活躍できるエイジフリー社会における法政策に関して，森戸英幸は「労働市場アプローチ」と「人権保障アプローチ」という 2 つの切り口にもとづいて議論している．労働市場アプローチとは，「エイジフリー政策は労働市場に関連した一定の目的を達成するために，あるいは労働市場に現在生じている問題を解決するために講じられるものである」とする考え方である．たとえば，高齢者の継続雇用を進めるために定年制をなくそうといった立場があてはまるだろう．一方，人権保障アプローチとは，「エイジフリー政策は『年齢差別』という人権侵害の問題を解決するために講じられるものである」とする考え方である．この場合，年齢差別は，人種差別や性差別などと同様に社会的に許すべきではないので，法律で禁止されるべきものとなる．森戸が的確に指摘しているように，この人権保障アプローチの下では，雇用の分野とそのほかの分野とを分ける必然性はあまりない（森戸 2009).

5）　社会福祉学，看護学

　この高齢者の人権保障という観点からいえば，今世紀に入って介護保険の施行に伴い「介護の社会化」がすすめられた一方で，家庭や介護施設における「高齢者虐待」の問題が，社会福祉学においてクローズアップされるようになった．高齢者虐待は，身体的虐待や心理的虐待，高齢

者の財産を不当に処分する経済的虐待，そして介護の放棄などの形態を
とる．介護施設の職員による虐待，ひいては入所者が死亡してしまった
痛ましい事件も少なくない．こうした高齢者虐待は，もっとも極端なエ
イジズムの形態と言って良いだろう．

　日本においても「高齢者に対する虐待の防止，高齢者の擁護者に対す
る支援等に関する法律（通称，高齢者虐待防止法）」が 2006 年に施行され，
本格的な対応がとられるようになった．この法整備に至った背景として，
杉井潤子は「第一に人口高齢化が進行し，高齢者や老いを排除する社会
構造が高齢者の人権擁護意識の高揚に伴って問題視されていったこと，
第二に老いの受け皿であった家族が同居扶養規範の変容によってその構
造・機能において縮小・代替化し限界を迎えたこと，第三に長寿化が進
行するなかで，加齢は負担をかけるという観念が深く浸透していったこ
と」を指摘している（杉井 2007）．

　このような厳しい状況下においても，高齢者介護や看護に対する需要
はますます高まっている．とくに高齢者介護や看護の担い手に関しては，
経済連携協定（Economic Partnership Agreement; EPA）にもとづいて，
外国人の介護・看護人材の候補者受け入れが進められてきた．しかし，
日本の若年者においても，高齢者の介護・看護における人材育成が急務
であることに変わりはないだろう．たとえば，エイジズムと将来の高齢
者ケア選択との関連に関して，前田恵利らは，臨地実習で高齢者理解を
深める指導やエイジズムを弱める教育によって，看護学生に将来の高齢
者看護への選択を促すことが可能であることを報告している（前田ほか
2009）．エイジズムの視点は，こうした高齢者ケアにかかわる人材育成
においても重要になっている．

4.　職場と地域における高齢者

1)　エイジフリーな職場へ

　人びとの生活空間は大きく3つにわけることができる．第一の空間は「家庭」，第二の空間は「職場」，第三の空間は「地域」である．本書は，エイジズムという概念に焦点を当てることによって，職場と地域における高齢者と若年者の世代間関係について検討する．

　まず，今日の日本における高齢者就業の基本的な考え方として，「高齢社会対策大綱（2018年2月閣議決定）」を確認すると[7]，「現在の年金制度にもとづく公的年金の支給開始年齢の引上げ等をふまえ，希望者全員がその意欲と能力に応じて65歳まで働けるよう安定的な雇用の確保を図る」ことが指摘されている．また「65歳を超えても，70代を通じ，またそもそも年齢を判断基準とせず，多くの者に高い就業継続意欲が見られる現況をふまえ，年齢にかかわりなく希望に応じて働き続けることができるよう雇用・就業環境の整備を図るとともに，社会保障制度についても，こうした意欲の高まりをふまえた柔軟な制度となるよう必要に応じて見直しを図る」ことが謳われている．

　こうした年齢にかかわりなく活躍できる社会，すなわちエイジフリー社会の構築という高齢社会像は，特段あたらしいものではない．清家は，身体的老化は避けられないので人間は完全に年齢から自由になれないが，少なくとも経済的・社会的な制度枠組からはできるだけ年齢基準を外し「年齢によって個人の活動や選択は制限されない」という原則にすべきであると主張していた（清家 2006）[8]．

　「高齢社会対策大綱」では，エイジフリー社会の実現に向けた環境整備として，ICTを利用したテレワークや，地域に密着した仕事を提供

するシルバー人材センター事業の推進など，「多様な形態による就業機
会・勤務形態の確保」が挙げられている．また，ハローワークに生涯現
役支援窓口を設置するなどして，「高齢者等の再就職の支援・促進」が
図られる．さらに，起業に伴う各種手続きの相談や日本政策金融公庫の
融資も含めた資金調達等，「高齢期の起業の支援」も打ち出されている．

　こうした高齢者就業を支援する一連の取り組みは（第2章で詳述する
が），年齢に関係なく働き続けることが当たり前になれば，職場におけ
るエイジズムの低減をもたらすかもしれない．しかし，これらの取り組
みが若年者の就業機会を奪うことになれば，高齢者と若年者の世代間対
立は深まってしまうだろう．

2)　「サードプレイス」としての地域

　60歳にしろ，65歳にしろ，一定の年齢に達したら企業を退職しなけ
ればならない定年制は，あらたな生活の到来を告げる重要なライフイベ
ントである．英語の「退職（retirement）」という言葉は，企業が設定し
た年齢に達したことによる定年退職，年金の受給開始，生計維持手段と
しての職業生活からの引退という3つの内容を含んでいる（袖井 1981；
岡 2008）．日本の場合，年金制度の改正や高齢者雇用制度の改正にとも
ない，この3つを経験する年齢は必ずしも一致しなくなっている．

　さらに，人生100年時代とよばれる長寿化が進んでおり，定年を契機
にみずからの人生を回顧しながら，あらたな段階の生活を設計すること
が求められている．この職業からの引退という大きな役割喪失をめぐっ
て，「高齢者は定年後の生活にいかに適応していくのか」という論点が，
社会老年学において長年議論されてきた[9]．

　なかでも，高学歴・ホワイトカラーの男性は，どうすれば退職後の地
域生活にむりなく移行することができるのかという「ソフトランディン
グ」の政策が重要な課題とされてきた．高橋勇悦は，高齢者と地域社会

のかかわりが退職前に，あるいはそれ以前から，なんらかのかたちで準備される意義は大きいと述べ，「会社人間」から「地域人間」への方向転換の必要性を指摘していた（高橋 1994）．当時の議論からすでに四半世紀経っているが，職場生活から地域生活へのソフトランディングは，今でも重要な論点であり続けている．

　近年では，家庭でも職場でもない場所としての「地域」，まさに「サードプレイス」としての地域が，社交の場あるいは特定の目的をもった交流の場として注目を集めている．レイ・オルデンバーグは，サードプレイスを「インフォーマルな公共生活の中核的環境」の意味で用いて，具体的には「家庭と仕事の領域を超えた個々人の，定期的で自発的でインフォーマルな，お楽しみのために場を提供する，さまざまな公共の場所の総称である」と述べている．そして，サードプレイスは，「人を平等にするもの（レヴェラー）」であるという．「人間は，自分の社会階級に最も近い人びとのなかから仲間や友人や親友を選びがちだ．しかし堅苦しいつきあいが可能性を狭め，制約を加えがちなのにたいして，サードプレイスは可能性を広げる働きをする」のである（Oldenburg 1989＝2013）．

　このような観点からも，サードプレイスとしての地域とのかかわり方，あるいは地域環境の質が，職業生活から地域生活に重心を移していく高齢者の生活満足度に与える影響は大きいと考えられる．

5．本書で用いるデータ

1）　エイジズム調査

　エイジズム調査は，桜美林大学加齢・発達研究所が実施した「若年者の就労と高齢者に対する意識調査」である（研究代表者：杉澤秀博）[10]．こ

のプロジェクトは，地域におけるエイジズムだけでなく，職場における
エイジズムも研究課題とし，雇用者サンプルをより多く確保するために，
都市部に居住する男性を対象とした．

　調査対象者は，東京都の区市部および千葉県・神奈川県・埼玉県の市
部に居住する 25～39 歳の男性 3,000 人が，層化二段無作為抽出法によ
って抽出した．国勢調査の基本単位区を第 1 次抽出単位とし，地域（東
京都，千葉県，神奈川県，埼玉県）と人口規模（政令市・23 区，20 万人以上
の市，10～20 万人の市，10 万人未満の市）を考慮して層化された 16 の層か
ら，150 地点を抽出した．次に，各抽出地点から住民基本台帳（もしく
は選挙人名簿）にもとづいて，対象者を平均 20 人ずつ系統抽出した．本
調査は，2003 年 1～2 月初旬にかけて，郵送留め置き法（郵送配布・訪問
回収の自記式）によって行われた．回収率を高めるために，対象者が不
在の場合には，調査員が日をあらためて最低 3 回訪問し，1,289 人から
回答を得た（有効回収率 43.0%）.

2)　世代間関係調査

　世代間関係調査は，東京都健康長寿医療センター研究所・社会参加と
地域保健研究チームが実施した「世代間関係の意識と実態に関する調
査」である（研究代表者：小林江里香）．調査対象者は，首都圏に居住す
る 60～69 歳の男女 1,500 人を層化二段無作為抽出した．層化は，地域
（東京都，神奈川県，千葉県，埼玉県）と人口規模（政令指定都市と 23 区，そ
のほかの市，町村）によって行われ，国勢調査の基本単位区 60 地点が抽
出された．その各抽出地点から住民基本台帳を用いて，対象者を平均
25 人ずつ系統抽出した．本調査は，2014 年 11～12 月に郵送法で実施し，
813 人から回答を得た（有効回収率 54.2%）.

3)　東京中高年者調査

　東京中高年者調査は，実践女子大学人間社会学部と東京都健康長寿医療センター研究所・社会参加と地域保健研究チームが実施した「東京で暮らす中高年者の居住満足度に関する調査」である（研究代表者：原田謙）．調査対象者は，東京都墨田区，世田谷区，多摩市に居住する55歳から84歳の男女1,800人を二段無作為抽出した．各自治体から国勢調査の基本単位区20地点が抽出され（計60地点），各抽出地点から住民基本台帳を用いて，対象者を30人ずつ系統抽出した．本調査は，2018年9〜10月に郵送法で実施し，820人から回答を得た（有効回収率45.6%）．

6．本書の構成

　本書の構成は，大きく3つのセクションに分かれる．第Ⅰ部では，エイジズムという現象を議論する背景となる社会学，心理学および老年学における「理論」を概観し，今日の日本人の高齢者像を，国際比較データを用いて確認する．第Ⅱ部と第Ⅲ部は，各章のタイトルにかかげたリサーチ・クエスチョン（問い）に沿った「実証」編である．第Ⅱ部ではエイジズム調査を用いて，エイジズムの測定とその関連要因の検討をおこなう．そして第Ⅲ部では世代間関係調査と東京中高年者調査を用いて，職場と地域におけるエイジズムや世代間関係と幸福感の関連を検討する．
　本研究は，方法論的な特徴として，これらの分析課題を，量的データを用いて実証する「心理・社会調査」のアプローチを採用する．その特徴として，第一に，エイジズムという心理現象を測定するための尺度（ものさし）の作成に焦点をあてる．心理学における尺度開発では，測定しようとする理論的な概念を明確にしたうえで，それを反映した質問項目群を作成し，その尺度の信頼性と妥当性が検討される．本研究では，

高齢者（もしくは若年者）に対する偏見や差別が，海外ではどのように測定されてきて，日本ではどのように測定可能なのかを検討する[11]．

　第二に，研究テーマごとに発展してきた多様な分析手法を用いる．たとえばエイジズムをはじめとする高齢者に対する態度研究においても，1990年代後半くらいから，統計的手法の進展に伴い，確認的因子分析を用いてその因子構造が検証されてきた．また，近隣効果（neighborhood effect）に関する研究では，個人レベルと地域レベルといった階層的に異なるレベル（水準）で測定された変数を扱うマルチレベル分析（multilevel analysis）が発展してきた．具体的には，確認的因子分析（第3章，第5章），媒介分析（第6章），マルチレベル分析（第7章）などを用いて議論をすすめていく．測定や分析方法の詳細については，各章の「方法」の節を確認していただきたいが，心理・社会統計に関心がない方は読み飛ばしていただいて一向にかまわない．

　具体的な章構成だが，第1章では，まずエイジズムに関する諸問題を議論する背景となる「サクセスフル・エイジング」に関する理論や，「プロダクティブ・エイジング」という視角を概観する．そして，人生100年時代とよばれる長寿化に伴い，地域においても職場においても，依存的な高齢者といったネガティブな枠組みから生産的な高齢者といったポジティブな枠組みへ転換が求められていることを主張する．

　第2章は，日本の高齢者の就業継続と地域貢献の実態を，国際比較データを用いて検討する．まず労働力率の国際比較から，日本の中高年男性（55〜64歳）の労働力の高さや，近年の中高年女性の労働力上昇などを確認する．そして，高年齢者雇用安定法の改正内容をたどることによって，「65歳までの継続雇用」が，年金政策の改正に対応して政策課題になったことなどを整理する．さらに定住意思が高い日本の高齢者の地域貢献（ボランティア）活動の参加状況を，国際比較調査の結果を用いて検討していく．

　第3章は，「どのように高齢者に対するエイジズムを測定するのか？」を検討する．まず，海外での高齢者に対する態度研究が，包括的な尺度開発をきっかけとして，SD法を用いたステレオタイプの測定，加齢に関する知識の研究などを経て，エイジズムの多元的な測定が試みられるようになったことを整理する．そして筆者らが確認的因子分析などを用いて開発した，「嫌悪・差別」「回避」「誹謗」の3因子から成る「日本語版Fraboniエイジズム尺度短縮版」の項目群を紹介し，エイジズム研究の射程を検討していく．

　第4章は，「誰が高齢者を差別しているのか？」を議論するために，筆者らが開発した尺度を用いて，若年者におけるエイジズムに関連する要因を検討する．具体的には，親しい高齢者が少ない者，祖父母との同居経験がない者ほどエイジズムが強いという「接触頻度」仮説，加齢に関する事実を知らない者ほどエイジズムが強いという「知識」仮説，生活満足度が低い者，老後生活に対する不安感が高い者ほどエイジズムが強いという「不満・不安」仮説を検証していく．

　第5章は，「高齢者は若年者をどうみているのか？」を検討する．4章まで着目する若年者による高齢者に対する否定的態度としてのエイジズムではなく，「もうひとつのエイジズム」とよぶべき高齢者による若年者に対する否定的態度としてのエイジズムに焦点を当てる．具体的には，日頃から若年者とのかかわりがない高齢者ほど若年者に対する否定的態度をとるという「接触頻度」仮説，地域や職場における不満が若年者に対する否定的態度につながるという「不満」仮説，次世代を担う若年者への関心が低い高齢者ほど，若年者に対する否定的態度を示すという「世代継承性」仮説，職場におけるエイジズムが若年者に対する否定的態度につながるという「エイジズム」仮説を検証していく．

　第6章は，「職場でのエイジズムは幸福感を低下させるのか？」という視点から，職場における世代間関係に焦点を当てる．具体的には，職

場でのエイジズム，若年世代へのサポート提供，若年世代との否定的相互作用といった世代間関係は，高齢就業者の幸福感にどのような影響を及ぼしているのだろうか．職場における世代間関係がメンタルヘルスに及ぼす影響を，職場満足度を媒介変数として検証していく．

　第7章は，「地域貢献している高齢者は幸せか？」という視点から，高齢者の地域貢献活動に焦点を当てる．具体的には，地域でボランティア活動をしている高齢者，つまりプロダクティブ・エイジングを体現している高齢者は，実際に生活満足度が高いのだろうか．また，日常生活動作障害などで生活範囲が狭まる高齢者にとって，地域環境の質が生活満足度にどのような影響を及ぼしているのかを検証していく．

　終章では，まず各章で検討した心理・社会調査データ分析の結果をまとめる．そして，エイジズムの低減や解消にかかわる，理論的なインプリケーションを整理する．さらに，エイジフリーの職場づくりや，地域における世代間互酬にかかわる政策（実践）的インプリケーションを提示したい．

　注
1　たとえば高史明（2015）は，日本における在日コリアンに対する古くて新しいレイシズムの問題を，個々人が自由に情報を発信できるソーシャル・メディアの隆盛も考慮しながら議論している．
2　松下正明（2017）は，バトラーの多彩な業績を，2つの大きな思想の流れで整理している．1つ目は，ライフレビューから始まって，ヘルシー・エイジング，そして長寿研究につながっていく流れである．この流れは，個々の高齢者が心身の状況改善のために積極的に努力して人生を全うすることが目標とされるような「個人」の視点からの研究群である．
　　2つ目は，ナーシングホームでの臨床経験から，高齢者への偏見と差別の排除を意図したエイジズム研究に至る流れである．この流れは，個々の高齢者の努力だけでは解決できない，社会の改革を大前提とした問題であり，高齢者が暮らす社会の視点からの研究群になる．
3　この老年学と金融研究が交差する学問分野は「金融ジェロントロジー」とよばれ，日本においても高齢者の資産管理などをめぐる議論が展開されている．金融ジェロントロジーは，健康上の問題で制限されることなく日常生活

が送れる期間である「健康寿命」だけでなく，資金面の制約なく生活できる期間である「資産寿命」（ウェルススパン）を伸ばして，それらと「生命寿命」とのギャップをできるだけ縮小するための学際研究として位置づけられる（清家編 2017）.

4　主要な社会学理論とエイジングに関する理論の関連については，堀薫夫（1999）の第2章の整理を参照．このコウジルの「老いと近代化理論」に関する記述は，ダイアナ・ハリスの整理も参照した（Harris 2007）.

5　中野新之祐（1992）は，戦前の国定教科書が描く「老人」像の分析から，近代化が，「文化のよき伝承者」としての伝統社会における老人の役割を次第に奪い取っていったと述べている．この文化の伝承者としての役割は，国家的な価値観が教え込まれていく学校教育にとって代わられ，老人の知恵は古く遅れたものとして退けられる．「老いる」ことは，精神的・肉体的な衰えとして否定的にとらえられ，老人は「孝」の理念にもとづく「家」制度の枠組みのなかで，養われる対象として位置づけられるようになったのである.

6　石井国雄・田戸岡好香（2015）は，この病気回避メカニズムの観点からエイジズムを議論している．その分析結果は，一般学生のみならず看護学生においても，高齢者との同居経験がない場合に，感染症脅威が（第3章以下で詳述する「日本語版 Fraboni エイジズム尺度短縮版」で測定した）エイジズムを強めていたことを報告している.

7　ここでは，内閣府「高齢社会対策大綱（2018年2月16日閣議決定）」における「分野別の基本的施策」の「就業・所得」の記述を整理した．大綱では「エイジレス」という表現が用いられているが，本書では基本的に「エイジフリー」という表現で統一した.
　　https://www8.cao.go.jp/kourei/measure/taikou/h29/hon-index.html

8　北岡孝義（2015）は，世代（ジェネレーション）構成の変化による大きな影響を受けない，老いも若きも国民全員が働く社会を「ジェネレーションフリー」の社会とよんでいる．このジェネレーションフリーの社会とは，現役世代が高齢の退職世代を支える世代間扶養の社会ではなく，国民全員が全員を支える，相互扶養の共生社会のことである.

9　筆者は，このセカンドライフの設計という観点から，定年後の生活への適応に関する諸理論を整理し（本書でもこれらの理論は第1章で紹介），当時の日本における高齢者就業と社会参加活動の実態を検討している（原田 2012）.

10　筆者は，本書で用いる3つの社会調査すべてに，企画・設計段階から研究メンバーとして参加している.

11　とくに日本の社会学における調査研究では，ほかの諸科学で利用可能な尺度（ものさし），あるいは海外と比較可能な尺度の開発が軽視されてきたと言わざるを得ない.

第 I 部
変容する高齢者像

　第Ⅰ部では，エイジズムに関する諸問題を議論するにあたり，「幸福な老い」
と翻訳されるサクセスフル・エイジングをめぐる理論を概観し，エイジズムへの
反論として提起された「プロダクティブ・エイジング」という概念を確認する．
そして，今日の日本人の高齢者像を，就業継続と地域貢献に関する国際比較デー
タを用いて明らかにしたい．

　まず，長寿化に伴い，「教育・仕事・引退」という年齢に対応したライフステ
ージが揺らぐと，職業生活に関する考え方も変わらざるを得ない．そして職場に
おいても，地域においても，依存的な高齢者といったネガティブな枠組みから，
生産的な高齢者といったポジティブな枠組みへのパラダイム転換が求められてい
る．

　続けて日本における雇用政策の変容も跡づけながら，高齢者の就業継続と地域
貢献の実態を，具体的な国際比較データを用いて検討していく．日本の高齢者は，
海外の高齢者と比較すると何が違うのだろうか．

第1章 「幸福な老い」をめぐる理論
——人生を再検討するための指針

1. 長寿化にともない何が変わるのか？

1）平均寿命の変化

　日本における 2018 年の平均寿命は，男性が 81.3 歳，女性が 87.3 歳である．この数値は，その年に産まれた者が何年生きるのかという 0 歳時の平均余命を指すので，厳密にいえば「自分があと何年くらい生きるのか」を知りたければ，自分の年齢の平均余命を調べる必要がある．実際に，百寿者（centenarian）とよばれる 100 歳以上の高齢者は（約 9 割が女性であるが），7 万人余りに達している．身近に 100 歳以上の人がいることは，もう珍しいことではない．

　日本の平均寿命の変化を，ドイツ，スウェーデン，アメリカのデータと比較しながら確認してみよう（図1-1，図1-2）．1960 年の日本の平均寿命は，男性が 65.3 歳，女性が 70.2 歳であり，当時のスウェーデンに比べると 5 歳以上低い．1960 年から 2010 年までの半世紀のあいだの平均寿命の延びは，男性では日本 14.3 年，ドイツ 11.5 年，スウェーデン 8.4 年，アメリカ 9.6 年，女性では日本 16.1 年，ドイツ 11.3 年，スウェーデン 8.7 年，アメリカ 7.9 年である．図をみても分かるように，日本は，このような急速な平均寿命の延伸を経験し，世界トップクラスの長寿国になったのである．

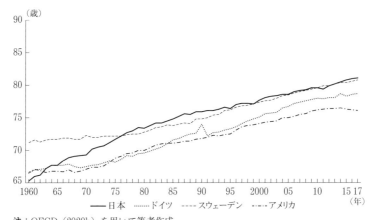

注：OECD（2020b）を用いて筆者作成.
　　ドイツの 1990 年以前のデータは「西ドイツ」の数値.

図 1-1　平均寿命の国際比較（男性）

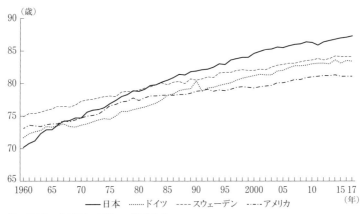

注：OECD（2020b）を用いて筆者作成.
　　ドイツの 1990 年以前のデータは「西ドイツ」の数値.

図 1-2　平均寿命の国際比較（女性）

2)　人生 100 年時代のライフステージ

　このように長寿化が進めば，人生そのものに対する考え方も変わらざるを得ない．リンダ・グラットンとアンドリュー・スコットの『LIFE

SHIFT（ライフ・シフト）── 100年時代の人生戦略』がベストセラーになったのも，一世代前のキャリアがもはや参考にならず，これから「どのように生きるべきか」という日本人の心情にぴったりあてはまったからだろう（Gratton & Scott 2016＝2016）．

　まさに百寿者も珍しくなくなると，ライフコースやライフステージといった生活にかかわる諸概念の含意も変わらざるを得ない．これまでは，小学校から大学までの「教育期」があり，新卒一括採用を経て定年退職までの「仕事期」を経験し，そして「引退期」に至るという標準的なライフコースが存在していた．しかし長寿化の進行にともない，後で詳述するように70歳までの就業継続が議論されるようになった今日，「仕事」と「引退」という2つのステージを過ごす時間が長くなる．

　グラットンらは，こうした3つのステージを順番に経験する生き方が当たり前だった時代が終わりを迎えると，同世代の人たちが同じ時期にキャリアの選択をおこなうという常識は，過去のものになっていくと予見する．そして，選択肢を狭めずに幅広い進路を検討する「エクスプローラー（探検者）」のステージを経験する人，自由と柔軟性を重んじて小さなビジネスを起こす「インディペンデント・プロデューサー（独立生産者）」のステージを生きる人，そしてさまざまな仕事や活動に同時並行で携わる「ポートフォリオ・ワーカー」のステージを実践する人もいるかもしれないと述べている（Gratton & Scott 2016＝2016）．

　先に紹介した老いの「近代化理論」も示唆していたように，都市化や工業化が進むと，人びとの人生の軌跡が，「教育・仕事・引退」という3つのステージに分節化されていった．そしてガンヒルド・ハゲスタードとピーター・ウーレンベルクが指摘するように，このような社会的分節化は，「子ども・大人・高齢者」という異なるステージにいる人びとの空間的・制度的・文化的な分離をもたらした（Hagestad & Uhlenberg 2005）．そして，こうしたマクロレベルにおける「年齢による隔離

（age segregation）」が，高齢者に対する偏見や差別といったミクロレベルにおけるエイジズムを強化したというのである．

　しかしグラットンが予見するような人生のマルチステージ化がすすめば，「子ども・大人・高齢者」という年齢によって人びとを分離する仕組みは変容していくかもしれない．

3)　再帰的プロジェクトとしての「人生の再検討」

　このように人生のマルチステージ化が進めば，あるいは終身雇用が終わりを告げ，雇用の流動性が高まれば，人びとは職業キャリアにおける移行を数多く経験するようになるだろう．グラットンは，移行に成功する第一の条件として，「変身を成功させるためには，自分についてある程度理解していることが不可欠だ．いまの自分を知り，将来の自分の可能性を知らなくてはならない」と述べる（Gratton & Scott 2016 = 2016）．

　そして，そこで必要とされるのが，アンソニー・ギデンスのいう「再帰的プロジェクト」だというのである．これは簡単にいえば「自分の過去，現在，未来について絶え間なく自問し続けること」を意味しており，この過程では自分についての知識が要求される．もともと「再帰性（re-flexivity）」とは，ギデンスが近代の社会生活の特質として提示した概念であり，「社会的な営みが，その営みに関する新たな情報によって絶えず吟味・改善され続けることによって，みずからの姿を本質的に変えていくという過程」を意味している（Giddens 1990 = 1993）[1]．

　この再帰的プロジェクトという観点からいえば，職業キャリアだけでなく，引退後の人生も，みずからのライフコースを回顧しながら設計される対象となり，日常生活を絶えずモニタリングしながら軌道修正が図られていくと考えられる．

2. サクセスフル・エイジング

1) サクセスフル・エイジングの探求

　老化の心理／社会的側面を探究する社会老年学では，サクセスフル・エイジングとは何か，つまり幸福な老いの条件とは何かが探求されてきた[2]．とくに，職業からの引退という大きな役割喪失をめぐって，高齢者は定年後の生活にいかに適応していくのかが，長年議論されてきた．

　このような高齢期における役割の縮小や喪失の過程をめぐって，高齢者個人と社会とが相互に離脱し合うことが幸福な老いにつながるという「離脱理論（disengagement theory）」と，高齢期においても活動し続けることが幸福な老いにつながるという「活動理論（activity theory）」の論争が展開された．この歴史は1960年代にまでさかのぼることができる．そして幸福な老いの測定方法に関する議論と並行して，モラール（morale）や生活満足度を従属変数とする主観的幸福感（subjective well-being）に関連する要因分析が数多く蓄積されていったのである（古谷野 2008）[3]．

　1980年代後半以降，サクセスフル・エイジングをめぐる議論の指針になったのが，ジョン・ロウとロバート・カーンの一連の論考である．かれらは，まず「通常の老い（usual aging）」と「幸福な老い」を区別する．通常の老いとは「疾病はないが，それらのリスクが高い状態」のことであるのに対し，幸福な老いとは「疾病のリスクが低く，心身機能が高い状態」のことをさす（Rowe & Kahn 1987）．

　そして，かれらはサクセスフル・エイジングの要素として，①疾病およびそれに関連した障害のリスクが低いこと，②高い認知的機能と身体的機能を維持していること，③生活に積極的に関与していること（active engagement with life）を挙げている．生活への積極的な関与とは，おもに「対人関係」と「プロダクティブな活動（productive activity）」からなる．ここでいう対人関係とは他者との交流，情報交換，情緒的サポートや直接的な援助などを含む．そしてプロダクティブな活動とは，有償／無償にかかわらず社会的な価値をうみだす諸活動のことをさす．

　つまり，サクセスフル・エイジングという概念は，たんに疾病がないということではなく，心身機能が高く維持されており，それらが生活への積極的な関与と組み合わさることによって，もっとも完全に表現されるのである（Rowe & Kahn 1987, 1997）.

2）　離脱理論

　役割の縮小や喪失の過程にある高齢期の生活への適応に関して，「離脱理論」は，高齢者個人と社会とが相互に離脱しあうことがサクセスフル・エイジングにつながると主張する．イレーヌ・カミングとアール・ヘンリーは，離脱を「個人と社会のその他の成員間の諸関係の多くが切り離される不可避の過程であり，残された諸関係も質的に変化する」と定義している（Cumming & Henry 1961）.人間にとって死が不可避であるように，離脱は不可避の過程であると考えられたのである．

　この理論の特徴は，まず高齢者個人と社会システム（social system）の関係を扱っている点にある．そして，タルコット・パーソンズに代表されるように，社会システムの均衡状態や社会秩序の規範的側面が強調される構造‐機能主義理論の色合いが濃い（杉澤 2007；堀 1999）.

　離脱理論では，具体的に「諸個人はそれぞれ異なるけれども，死の到来は普遍的であり，能力の低下は予期できる．したがって個人と社会における他者との紐帯は相互に切り離されていくであろう（公準1）」や「相互作用は諸規範を創出したり再確認したりするので，相互作用の数と種類の減少は，日常生活行動を支配している諸規範の統制からの自由

を増加させる．したがって離脱は，いったん始まれば，循環的あるいは自己永続的な過程になる（公準2）」などの9つの公準（postulate）が提示されている．

　高齢者が離脱することは普遍的な現象であり，すべての社会に適用することができるという離脱理論は，エイジズムを支えるものとして理解されがちである．たとえばパルモアは，こうした主張が「高齢者は役に立たず，引っ込みがちで，不活発で，孤立しているという固定観念」を永続させることになると指摘している（Palmore 1999＝2002）．

　しかし，この離脱理論は，高齢者から若年者への権力の移譲といった「世代交代」という観点からみると，社会にとって有益であるとも考えられる．たとえば，天野が指摘しているように，「日本の近世社会にみられた隠居慣行は，いつまでも現役にとどまろうとする老人を，隠居の座にまつりあげることによって老人支配を断ち切り，スムーズな世代交代をはかろうとする人びとの知恵」だったのかもしれない．

　第二次世界大戦後のアメリカにおいても，65歳以上の「エイジング・エリート」による長老支配の構造は根強く，世代間の権限移譲は必ずしもスムーズに行われていなかったとされる．この長老支配は，弱者ではなく強者としての高齢者による支配と考えれば，エイジズムの一形態として考えられる．つまり，エイジング・エリートにおける最大の発達課題は「身の引き際の知ること」だというのである（天野 1999）．

3）活動理論

　この離脱理論に対して，活動理論は，高齢期においても活動し続けることがサクセスフル・エイジングにつながると主張する．ブルース・レモンらによれば，活動理論の本質は，社会活動性と生活満足度において正の関連があり，役割喪失が大きいほど，生活満足度が低くなるという点にある（Lemon, et al. 1972）．この立場では，職業からの引退のように，

主要な役割を喪失した際には，何か替わりとなる役割を取得することが要請されるのである．

　活動理論は，高齢者の自己概念における社会的相互作用の重要性が強調されており，象徴的相互作用論（symbolic interactionism）の考え方を軸に構築されている．また，この理論は，まさに「活動的であり続ける」という「アメリカ的な価値システム」を反映しているともいえる．

　活動理論は，具体的に以下の4つの公準を提示している．

公準1：役割喪失が多いほど，関与する活動性が低くなる．
公準2：活動性が高いほど，受領する役割支持（role support）が多くなる．
公準3：受領する役割支持が多いほど，肯定的な自己概念（self-concept）をもつようになる．
公準4：肯定的な自己概念をもつほど，生活満足度が高くなる．

　さらに，これらの公準から，以下の6つの定理（theorem）が演繹されている．

定理1：役割喪失が多いほど，受領する役割支持が少なくなる．
定理2：活動性が高いほど，肯定的な自己概念をもつようになる．
定理3：役割支持が多いほど，生活満足度が高くなる．
定理4：役割喪失が多いほど，肯定的な自己概念をもてなくなる．
定理5：活動性が高いほど，生活満足度が高くなる．
定理6：役割喪失が多いほど，生活満足度が低くなる．

　そして，この理論（の中心をなす「活動性が高いほど，生活満足度が高くなる」という論点）を検証するために，社会活動性を独立変数，モラール

や生活満足度を従属変数とする，主観的幸福感に関連する要因分析が，多変量解析の普及とともに国内外で数多く蓄積されていったのである（古谷野 2008[4]）．

　ただアメリカにおける実証研究でも，この理論が単純に再現されたわけではない．とくに高齢者の生活満足度は，社会的活動の量によって決まるのではなく，その活動のタイプによって異なることが指摘されてきた．たとえば，チャールズ・ロンジーノらは，インフォーマルな諸活動はたしかに生活満足度と関連するが，1人でやる趣味や余暇活動は生活満足度と関連しないことを明らかにしている（Longino & Kart 1982）．

4) 継続理論

　離脱理論，活動理論に続く第三の理論は，ロバート・アッチェリーによって提示された「継続理論（continuity theory）」である（Atchley 1999）．この理論は，「変化する状況に対する適応を含む，継続的な成人発達の理論」であり，活動理論を精緻化したものともいわれる（Harris 2007）．ここでいう継続は，恒常的な均衡（equilibrium）ではなく，長年にわたる進化（evolution）を仮定している．継続理論の核心は，「人びとは，状況を分析し，みずからの将来像を描き，変化に適応するために，成人期を通して発達させてきた適応方略を使い続けるように動機づけられている」という点にある．

　アッチェリーは，継続理論の命題（proposition）として，以下の5つを提示している．

　　命題1：思考・行動・関係の一般的パターンは，強固であり，非連続
　　　　　　の感覚を引き起こすことなくきめ細やかなパターンで，かな
　　　　　　り大きな変化に順応することができる．
　　命題2：自己概念・ライフコース・生活様式に関する意思決定を通じ

て，そしてその帰結を経験することを通じて，諸個人は主体性の感覚を得る．

命題３：思考・行動・関係の長年にわたる一般的パターンは，長い年月をかけて諸個人によって形成された，時間と注意の選択的な投資から生じる．人びとはこれらの投資を保持しようと動機づけられている．

命題４：思考・行動・関係の一般的パターンの継続は，みずからの目標を達成するために，あるいは変化する状況に適応するために，人びとが用いようとするたいてい最初の方略である．

命題５：個人的な目標の継続は，発達の方向性の持続的な感覚を諸個人にもたらす．

　この理論は，継続的な進化を仮定するフィードバックシステム理論（feedback systems theory）に依拠している（図1-3）．心的パターンや生活様式パターンは，さまざまな意思決定に影響を及ぼす．次に，その意思決定はさまざまな生活経験（結果）をもたらす．そしてその生活経験は，最初の心的／生活様式パターンおよび一連の意思決定プロセスを評価・洗練・修正するために，再帰的に（reflexively）用いられる．このように継続理論は，みずからの生活経験をフィードバックする仕組みについての説明になっている．

　つまり継続理論にもとづくサクセスフル・エイジングは，諸個人の長年にわたる経験との連続性に依拠しているのである．したがって，高齢者の生活満足度を規定するのは，社会的活動の特定のレベルではなく，現在の生活様式が「いかにこれまでの生活様式と連続しているか」なのである．

　この継続理論の議論は，アッチェリー自身は引用していないが，先に述べた「絶えず自分自身を吟味し，みずからの姿を作り直していくこ

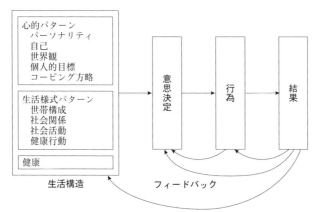

注：Atchley（1999: 5）にもとづき筆者作成.

図1-3　フィードバックシステム理論としての継続性

と」を意味するギデンスの「再帰的プロジェクト」としての自己という
見方と親和的である.

3. プロダクティブ・エイジング

1）　エイジズムへの反論としてのプロダクティブ・エイジング

　1960年代にエイジズム概念を紹介したバトラーは，1980年代初頭に
現状に対する問題提起として，そして政治的課題としてあつかうべき枠
組みとして「プロダクティブ・エイジング（productive aging）」という
概念を提唱した．かれは，「老い」の問題を論じるのに，「依存」「介護」
「社会的コスト」といった，おきまりの課題から新しい課題に取り組む
べきだと述べ，その新しい課題の枠組みとして高齢者のプロダクティビ
ティ（生産性）を取り上げたのである（Butler & Gleason 1985＝1998）.

　今日の日本においても，1人の高齢者を2人の若者で支える時代が到
来するといった，「高齢者の増大」すなわち「社会的負担の増大」であ

るというステレオタイプがいまだにはびこっている．バトラーの「われ
われはいったいどうすれば『老い』についての考え方の枠組みを『依存
性』だけではなく，むしろ『生産性』という発想に転換できるのだろう
か」という問題提起は，この概念の提唱から40年余りを経た現代社会
でも色あせていないどころか，ますます重要になっている（Butler &
Gleason　1985＝1998）．

　この高齢期におけるプロダクティブな活動の継続は，先に述べたよう
に，疾病や障害のリスクの低さや，認知的機能と身体的機能の高さとと
もに，ロウとカーンによってサクセスフル・エイジングの重要な要素と
して位置づけられていた．杉原陽子は，このサクセスフル・エイジング
とプロダクティブ・エイジングはどちらも老いを肯定的に捉えようとし
ている点では共通しているが，両者の強調点は大きく異なると述べてい
る．サクセスフル・エイジングは高齢期における適応に焦点をあててお
り，望ましい高齢者像を提示することを意図している．一方で，プロダ
クティブ・エイジングは，「社会のなかで高齢者が果たしている，また
は果たしうる役割に焦点をあてており，意欲と能力のある高齢者に対し
て機会を拡大することを意図している」のである（杉原　2010）．

　以上のように，バトラーは，このプロダクティブ・エイジングという
概念によって，「老い」をよりポジティブな観点からみようと考えた．
そして，高齢者がもつ広い意味でのプロダクティビティを，もっと社会
に活用するという発想を強く押し出したといえよう．このように高齢期
における就業や社会貢献といったプロダクティブな活動の推進は，世代
間の問題である「エイジズムに対する反論」の重要な鍵になっている．

2）「高齢者」とは誰か？

　プロダクティブ・エイジングといった概念が強調される背景には，個
人差はあるものの，高齢者とよばれる人びと，とくに65歳から74歳の

前期高齢者の人びとは，まだまだ元気な人が多いという現実がある．65 歳以上の人びとを「高齢者」とよぶようになったのは，もう半世紀以上前のことであり，長寿化が進んだ日本社会において，この定義が現状に合わなくなってきたともいえる．

　そこで，日本老年学会と日本老年医学会は，2013 年に高齢者の定義を再検討する学際的なワーキンググループをたちあげ，さまざまな角度から検討をおこなってきた．この報告書の内容をかいつまんで紹介すると，まず要介護につながりやすい脳血管疾患，骨粗しょう症，虚血性心疾患の受診率が大きく低下している．そして歩行速度や握力といった身体（運動）機能は，いずれの測定値も 10〜20 年前にくらべて最近の高齢者では顕著に高くなっている．また昭和時代の 65 歳の歯数は，今では 80 歳前後の歯数に相当する．さらに，知的機能（言語的な知識や短期的記憶など）の平均点は，とくに 60 歳代の上昇が著しく，10 年前の 5〜10 歳程度若い年代の平均得点に接近していた（日本老年学会・日本老年医学会 2017）．

　こうした心身の老化に関するさまざまなデータの経年的変化を検討した結果，ワーキンググループは，65〜74 歳を「准高齢者（准高齢期）」，75 歳以上を「高齢者（高齢期）」とする高齢者のあらたな定義を提言した[5]．

　実際に，世論調査の結果をみても，「65 歳以上」を高齢者とする考えは，もはや多数派ではない．たとえば，全国の 35 歳から 64 歳の男女を対象に，内閣府が実施した「高齢期に向けた『備え』に関する意識調査（平成 25 年度）」には，「あなたは，一般的に高齢者とは何歳以上だと思いますか」という質問項目がある．その結果をみても（図 1-4），全体では「70 歳以上」という回答が 42.3% でもっとも多く，続いて「65 歳以上」が 22.1%，「75 歳以上」が 15.1%，「60 歳以上」が 9.2% の順になっていた．男女別にみると，「60 歳以上」もしくは「65 歳以上」と回答

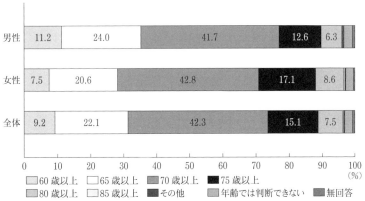

注：「高齢期に向けた『備え』に関する意識調査結果（平成 25 年度）」を用いて筆者作成.
https://www8.cao.go.jp/kourei/ishiki/h25/kenkyu/zentai/pdf/s2-1.pdf

図 1-4　一般的に高齢者だと思う年齢

している割合は男性の方が高い一方で，「75 歳以上」もしくは「80 歳以上」と回答している割合は女性の方が多い．つまり，女性の方が高齢者を「より高齢」にとらえる傾向がある．

3)　プロダクティブ・エイジング論の落とし穴

これまでみてきたプロダクティブ・エイジングの議論も，高齢者に関する定義検討ワーキンググループの議論も，高齢者の社会的なイメージを変え，高齢者の社会活動を促進する契機になることを期待していた．

しかし，秋山弘子が指摘するように，「サクセスフル・エイジング」とは「プロダクティブ・エイジング」のことであるといった画一的な考え方は，「『自立して生産的』でない高齢者に失敗者という自覚をもたらし，多くの人達は人生の最終コースを失意のうちに歩むという問題」をもたらしかねない（秋山 2012）．

多くの高齢者が自立している前期高齢期においても，プロダクティブ・エイジングを過度に強調することは，障害のために就業できない高齢者，一定の経済力を必要とする社会活動に参加できない高齢者，ある

いはそもそもプロダクティブな活動を志向しない高齢者に対する偏見や差別を強めてしまう可能性がある．これでは，エイジズムに対する反論として提唱された概念が，あらたなエイジズムを生み出してしまうことになりかねない（原田 2012）．

　この論点に関連して，ポール・バルテスは，加齢にともなう生活機能の低下も視野に入れた生涯発達理論として，「補償を伴う選択的最適化理論（Selective Optimization with Compensation; SOC 理論）」を提示している（Baltes 1997）．ここでいう高齢期における機能低下にもとづく「選択」とは，複数掲げていた目標のなかから，もっとも重要な目標に絞ったり，達成したいことの優先順位を考え直したりすることをさす．そして，その目標達成のためには，みずからのエネルギー，使える時間，スキルといった手段や資源を「最適化」する必要がある．さらに「補償」とは，こうした手段や資源の減少／喪失を抑止するために，みずからの工夫や外部の援助を得てそれらを補うことを意味する．

　バルテスは，この SOC 理論の適用例として，80 歳のピアニストであるアーサー・ルービンシュタインのテレビ・インタビューを挙げている．ルービンシュタインは，第一に，コンサートで以前より少ない曲目数を演奏するようになった（選択）．第二に，かれは絞った曲目数を，今ではより長い時間練習するようになった（最適化）．そして第三に，かれは加齢にともなう指の動きのスピード低下を打ち消すために，速弾きパートの前にわざとゆっくり弾くことによって（テンポに抑揚をつけることによって），そのパートが速く聞こえるような一種の「印象管理」をするようになったことを述べている（補償）．

　前期高齢者のみならず，生活機能が低下しやすい後期高齢者の就業や地域貢献の推進といった議論をする場合は，こうした生涯発達理論も視野に入れる必要があるだろう．

4. 高齢者の主観的幸福感をとらえる

1)　超高齢社会・日本における幸福

　このように幸福な老いをめぐる議論，とくに主観的幸福感に関連する要因の検討は，社会老年学の中心的な論点であり続けてきた．近年の日本においても，老年学のみならず，心理学や（大石 2009；内田 2020），経済学の立場から幸福を計量的に解明しようとする研究が目立つ（小塩 2014；大竹ほか 2010）．また，こうした科学的な知見を実践に活かす「幸福学」と銘打った書籍も出版されるようになった（前野 2013）．

　主観的幸福感をどのように測定するのか，そして主観的幸福感に関連する要因は何かといった研究は，心理学における中心的なトピックにみえる．しかし大石繁宏によれば，従来の心理学は行動主義の影響が強く，客観的行動としてあらわれる変数のみが研究対象とされ，主観的な概念の代表ともいえる幸福感は，心理学が扱う対象とされなかったという．1960 年代に入ってこの行動主義の影響力が弱まり，人間の世界の受け取り方を研究する認知革命を経て，1980 年代から幸福感といった主観的概念も研究対象として認められるようになった．またダニエル・カーネマンが 2002 年にノーベル賞を受賞したことも，幸福感の研究を正統化する弾みとなり，この 30 年で心理学における幸福感に関する知識は急激に深まった（大石 2009）．

　さらに「幸福は個人が感じるものでありながら，何を幸福と感じるかは実はその人が生きる時代や文化の精神，価値観，地理的な特徴を反映している」という「文化的幸福観」という考え方も提示されている．内田由紀子は「社会生態学的環境（生業あるいは気候など）や宗教・倫理的背景などにより，人々が実際に追求する幸福の内容は異なっている可能

性がある」と指摘している（内田 2020）.

　とくに今世紀に入ってからの経済学からの幸福へのアプローチは，その背景として「経済的な豊かさが必ずしも人びとの幸福に結びついていない」という実態があるだろう．たしかに経済的な安定は，重要な幸福に老いる条件の 1 つである．実際に，金融庁の報告書をきっかけに「老後 2,000 万円」問題がメディアを賑わしたことは記憶に新しい．しかし，一時点での人びとの所得と幸福感には相関がみられるが，1 人当たりのGDP（国内総生産）といった国レベルの経済的な豊かさと人びとの平均的な幸福感は必ずしも相関しない．これは，提唱者の名前をとって「イースタリン・パラドクス（Easterlin paradox）」とよばれる．1990 年代末以降，格差問題が顕在化していった日本において，幸福と経済に関する学術的分析が進められるようになったのは自然の流れなのかもしれない（大竹ほか 2010）.

　また小塩隆士は，伝統的な経済学が扱ってこなかった主観的幸福感（主観的厚生）を分析することのメリットとして「①それを通じて社会の病理的な点，不公平な点を浮き彫りにできること，②その結果から効率性・公平性の両面からみてもっとも効果的な政策に関する示唆を得られること，③社会経済の全体的な状況が主観的厚生に及ぼす影響が，個人間で異なる様子やその原因が明らかになること」を挙げている（小塩2014）.

　さらに国レベルでも，内閣府「幸福度に関する研究会」は，2011 年に幸福度指標の試案を報告している．この報告では，「成長戦略」に幸福度指標を作成する旨が盛り込まれた背景として，GDP を超えた指標である幸福度指標の作成が諸外国で進んでいるという国際的動向と，日本においてとくに所得の増加にもかかわらず主観的幸福感が低いという課題が指摘されている．そして指標は，主観的幸福感を上位概念として，雇用・教育・住居などの「経済社会状況」，「心身の健康」，家族・地

域・自然とのつながりなどの「関係性」を三本柱とし，「持続可能性」を別立てとして体系化された（内閣府 2011）.

2）　主観的幸福感の測定

それでは，社会老年学において幸福な老いはどのように測定されてきたのだろうか．幸福をどのように測定するか（そしてどのような尺度をおもに用いるのか）は，前述した学問分野によって異なる．ここでは，本書が依拠する社会老年学における主観的幸福感の測定を中心に，簡潔に整理しておきたい.

主観的幸福感（subjective well-being）の well-being という用語は翻訳しにくいが，直訳すると「良好な状態」といったところであろう．たとえば，WHO（世界保健機関）は，健康とは「身体的・精神的および社会的に完全に良好な状態であって，単に病気ではないとか，虚弱ではないということではない」と定義している.

社会老年学における幸福な老いは，おもにモラール（morale）や生活満足度（life satisfaction）といった概念を用いて測定されてきた．subjective well-being という用語は，これらの自記式（つまり個人がどのように感じているかという主観）で測定される「肯定的─否定的な感情の次元」の総称として用いられ（古谷野，2008; Larson，1978），日本では「主観的幸福感」という訳語が定着した．とくに経済学の分野では「主観的厚生」という訳語が用いられることもあるが（小塩，2014），本書では，主観的幸福感という訳語で統一する.

具体的な測定尺度としては，バーミス・ニューガルテンらによって開発された生活満足度尺度 A（Life Satisfaction Index A; LSIA）や，パウエル・ロートンによって開発された PGC モラールス・ケール（Philadelphia Geriatric Morale Scale）などが用いられてきた（Neugarten et al. 1961; Lawton 1975）．日本においても古谷野らが，これらの尺度の構

成要素を参照して「人生全体についての満足感」「老いについての評価」「心理的安定」の 3 因子から成る生活満足度尺度 K（Life Satisfaction Index K; LSIK）を開発した（古谷野ほか 1989）.

　またウルリッヒ・シマックは，エド・ディーナーらの心理学の論文にもとづき（Diener 1984, Diener et al. 1999），主観的幸福感の構成要素として，生活満足度，ポジティブ感情，ネガティブ感情，そして領域別満足度（domain satisfaction）を挙げている（Schimmack 2008）.そして，主観的幸福感は，大きく認知成分と感情成分に分けられる.生活満足度と領域別満足度は，みずからの生活についての評価にもとづいているので，認知成分として考えらえる.一方，ポジティブ感情とネガティブ感情は，人びとがみずからの生活で経験している快いもしくは不快な気持ちの程度を反映しており，主観的幸福感の感情成分として考えられる.

　これらの既存研究をふまえて，本書では，主観的幸福感の構成要素として，第一に「生活満足度」を取り上げる.これは日常生活全般に関する満足度を指す場合もあるし，家庭・職場・地域といった領域別満足度を指す場合もある.本書の場合，領域別の満足度という観点からいえば，職場満足度が鍵になる（第 6 章）.そして高齢者を対象とした場合，生活満足度尺度 A に含まれる「私は自分の人生をふりかえってみてまあ満足だ」などの質問項目を用いることが多い（第 7 章）.その場合，生活満足度というよりも，「人生」満足度といった表現の方が適切かもしれない.いずれにしろ，これらは生活の諸側面に対する認知的評価と考えられる.

　第二の構成要素として，「肯定的—否定的な感情」が挙げられる.これは，喜びや楽しみといった肯定的な感情，悲しみや不安といった不快な感情の高低から，幸福感をとらえる見方である.生活満足度は比較的「長期」的なスパンから評価されるのに対し，抑うつ傾向といった不快な感情は「短期」的なスパンから評価される概念ともいえる[6].こうした

うつ傾向といったメンタルヘルス（精神的健康）や主観的健康感を，主観的幸福感の測定に含めることには異論があるかもしれない．しかし近年では健康感も主観的厚生の一側面としてとらえられ（小塩，2014），社会老年学のネットワークやサポートに関する研究では，メンタルヘルスと主観的幸福感は，置き換え可能な結果変数（outcome variable）として使用されることが多い（古谷野，2008）．

　以上の整理にもとづいて，本書では，主観的幸福感を「生活全体もしくは領域別の満足度」および「肯定的―否定的な感情」を含む概念として捉える．具体的には，生活満足度が高いこと，否定的／不快な感情（抑うつ傾向）が低いことを幸福感が高い状態とみなす[7]．

注

1　天田城介（2003）は，高齢社会における老いが「再帰的エイジング（reflexive aging）」とでも呼ぶべき過程にならざるを得ないことを指摘している．その含意として，今日の高齢者は，これまで当たり前とされてきた規範や制度を，新たな情報によって吟味・改善しつつ，みずからが何者であるかを絶えず自問・再認しなければならないと述べている．

2　サクセスフル・エイジングの測定方法や，尺度間の関連性については古谷野（2008），サクセスフル・エイジングの理念とその限界については秋山（2012）を参照．

3　筆者は，都市社会学と社会老年学の立場から，人間関係の構造的側面である社会的ネットワーク，そして機能的側面である社会的サポートの受領と提供，否定的な機能に焦点を当てた否定的相互作用も含めて，人間関係の諸側面が幸福感に及ぼす影響を検討した（原田 2017）．

4　中原純（2019）は，この活動理論に関して，自己概念のひとつの側面としての役割アイデンティティと生活満足度の関連を検討し，その因果関係を示唆する結果を報告している．さらに，自己複雑性（自己概念の各側面が明確に分離・独立している様態）理論を取り上げ，活動理論への導入を試みている．

5　このワーキンググループの報告書は，あくまでも「老年学・老年医学の研究対象として75歳以上を高齢者とするということ」を提言している．ここでは，「年金，定年，医療費などの各制度でどのような定義をすべきという議論はおこなっておらず，そのような提言をする意図はない」と述べている（日本老年学会・日本老年医学会 2017）．

6 ポール・ドーラン（2014＝2015）は，経済学と心理学が融合した行動科学的なアプローチを採用し，「幸福な生活とは快楽とやりがいというポジティブな感情がたくさん詰まったものだということ．一方で不幸な生活とは，苦痛（怒り，不安，ストレス）がやりがいのなさ（退屈，無益感）というネガティブな感情が優勢にある生活のことだ」と述べている．

7 筆者は，この主観的幸福感の整理にもとづいて，親族，隣人，友人関係といった社会的ネットワークの地域差と階層差を検討し，ネットワークが幸福感に及ぼす影響を検討した（原田 2017）．

第2章　就業継続と地域貢献
——国際比較データからみる日本の高齢者

1.　労働力率の国際比較——ずっと働き続ける日本人？

1)　欧米における早期退職から継続雇用への転換

　日本の高齢者は，就業意欲が高く，欧米諸国とくらべて労働力率（当該人口に占める「就業者数と完全失業者数とを合わせた人口」の比率）が高いと言われている．本章では，まず高齢者の就業継続の推移を，フィリップ・テイラーらの国際比較データを用いた議論に沿って確認していきたい（Taylor et al. 2016）．

　欧米の先進諸国では，「早期退職」が，1970年代の終わりから1990年代にかけて共通にみられた傾向であった．日本，ドイツ，スウェーデン，アメリカの55〜64歳の労働力率の推移をみると（図2-1）．アメリカでは1980年の労働力率は72.1% だったが，1994年には65.5% まで低下した．スウェーデンでも1980年に78.8% であった労働力率は1994年には70.5% まで低下した．一方で，女性の労働力率は（図2-2），とくにサービス職関連のパートタイム雇用の増大とともに，おおむね上昇し続けた．

　この時期における高齢男性の労働力率の低下をもたらしたマクロ要因として，1970年代から1980年代にかけての，とくに製造業を中心とする経済再編（リストラクチャリング）が挙げられる．労働力人口から高齢男性が取り除かれた理由は，第一に，大幅な雇用削減に苦しんでいた産

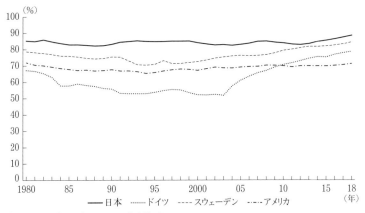

注：OECD（2020c）を用いて筆者作成.

図 2-1　労働力率の国際比較（55〜64 歳男性）

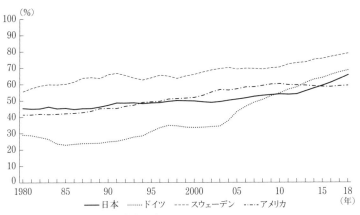

注：OECD（2020c）を用いて筆者作成.

図 2-2　労働力率の国際比較（55〜64 歳女性）

業において，高齢男性が過剰に存在していたからである．第二に，高齢
男性は若年者に比べて失業が長期化しやすかったからである．第三に，
従業員を削減する必要があった企業にとって，早期退職の取り決めは，
高齢男性との方が交渉しやすかったからである（Taylor et al. 2016）．

　また，いくつかの国々では，若年者の失業問題を解決することが，

1970 年代および 1980 年代において優先度が高くなった. この時期に失業率が急速に上昇した国々では, 高齢者を労働市場から排除し, 若年者を復帰させるための最良のアプローチとして, 早期退職が採用されたのである. この政策は, 失業問題に対処するための「血を流さない」方法であり, 社会における完全雇用の責任と, 現実の仕事の少なさを考慮すると「若年就業者を優先すべきであるという文化的規範と世論」によってさらに推進されていった (Kohli et al. 1991). こうした流れのなかで, 雇用主・労働組合・政府の政策を通じて, 若年者が雇用され, 高齢就業者は労働市場からの排除に向けられたのである[1].

　しかし経済協力開発機構 (Organization for Economic Cooperation and Development; OECD) などが, 人口の高齢化が進むなかで, 早期退職は適切でないと議論するようになると, 高齢者雇用の風向きが変化した (OECD 2006 = 2006). 高齢就業者は, 労働市場から排除される対象ではなく, 継続的な就業を奨励される対象へと変化したのである. 図 2–1 をみると, 1990 年代半ばから, 高齢男性の労働力率が増加している. この労働市場への参加パターンの変化は, 雇用の延長を目的とした一連の政策の実施と一致している.

2)　日本の高齢者における労働力率

　このように欧米諸国では, 早期退職から継続雇用への転換が図られたが, そのあいだも日本の 55〜64 歳男性の労働力率は高い水準を維持していた (図 2–1). 具体的な数値をみると, 1980 年は 85.4%, 2000 年は 84.1%, 2018 年は 88.5% であり, 9 割近くに達している. 一方, 55〜64 歳女性の労働力率は, 1980 年の 45.3%, 2000 年 49.7% を経て, 2018 年には 65.7% に達している (図 2–2). とくにこの 10 年のあいだで 10 ポイント以上も上昇している.

　さらに 5 歳刻みの年齢階級別の比率をみると (表 2–1), 65〜69 歳の

表 2-1　年齢階級別の労働力率：
2018 年（%）

	男性	女性
55～59 歳	93.4	73.3
60～64 歳	83.5	58.1
65～69 歳	59.0	37.0
70～74 歳	38.6	23.4

注：OECD（2020c）を用いて筆者作成.

男性の労働力率は 6 割近くに達し，女性も 4 割弱であった．さらに，70
～74 歳男性の労働力率も 4 割近くに達し，女性も 2 割を超えており，
近年その割合が上昇している．

2.　高齢者の雇用政策はどうなるのか？

1)　年金政策に対応した高齢者雇用政策の展開

　以上のような高齢者の労働力率の推移をふまえた上で，以下では，国
内の高齢者雇用政策の動向を，「高年齢者雇用安定法」の改正内容をた
どることによって確認していきたい．

　そのポイントを一言で言ってしまえば，高齢者の雇用政策は，年金政
策（＝厚生年金の支給開始年齢の引き上げ）に対応して形づくられていった
点にある．厚生年金の支給開始年齢が 60 歳から 65 歳に引き上げられる
ことが決定したため，年金と雇用の接続という観点から，「65 歳までの
継続雇用」が，高齢者雇用の政策課題になったのである．実際に，60
歳で定年退職して継続雇用されなければ，年金もない，賃金もないとい
う「空白期間」が生じてしまう．この点において，今日に至るまで高齢
者雇用政策は年金政策の「従属変数」であり続けてきたと評される（濱
口 2014）．

　その年金政策の改正のポイントを整理しておくと，1994 年の改正で

は，厚生年金の定額部分（老齢基礎年金）の支給開始年齢が，2001年から2013年までに（女性は2006年から2018年までに），段階的に60歳から65歳に引き上げられることになった．さらに，2000年の改正では，厚生年金の報酬比例部分（老齢厚生年金）の支給開始年齢が，2013年から2025年までに，段階的に60歳から65歳に引き上げられることになったのである．

　高年齢者雇用安定法は1986年に制定され，事業主に「定年を定める場合は60歳以上とする努力義務」が課せられた．ここから，定年制度を基軸に据えた法政策が，よりいっそう展開されるようになった（柳澤2016）．1990年の改正では，定年に達した労働者が継続雇用を希望した場合には，事業者は65歳まで雇用する努力義務が課せられた．さらに，1994年の改正では，1998年からは「定年年齢が60歳を下回らないようにする法的義務」が課せられた．[2]

　2004年の改正では，2006年4月以降，企業は65歳までの「高年齢者雇用確保措置」を講じる義務を負うことになった．具体的には，①定年退職年齢の引き上げ，②定年後の継続雇用制度の導入，③定年制の廃止，のいずれかの措置を講じることが義務づけられた．森戸は，たとえ選択肢の1つとしてであっても，まさにエイジフリーそのものである「定年制の廃止」が実定法上明文でうたわれたことは注目に値すると述べている（森戸 2009）．

　しかし現実には，定年年齢の引き上げや，定年制の廃止を導入した企業は少なく，多くの企業が継続雇用制度の導入で対処したといわれる．ここでいう継続雇用とは，それまでの正社員としての雇用契約を打ち切って，非正規社員として再契約をすることも含む．つまり，企業が継続雇用希望者に賃金カットなど，劣悪な労働条件を提示することで自発的な引退を促すことも可能である．近藤絢子は，こうした問題点をふまえたうえで，この改正によって高齢者の雇用機会が本当に改善したのかを

「労働力調査」等を用いて検証した．その結果，とくに大企業における雇用の増加が著しかったこと，継続雇用の増加が同世代の転職入職者を阻害してはいないことを明らかにしている（近藤 2014）．しかし，こうした高齢就業者の雇用確保措置が，若年者の就業者（採用等）に悪影響を及ぼしたのかどうかについては，労働経済学の研究においても一致していない．

　そして，2012 年の改正では，継続雇用制度の対象となる労働者を事業所が労使協定によって定めることができる仕組みが廃止された．また継続雇用制度の対象となる高年齢者が雇用される企業の範囲は，グループ企業まで拡大された．さらにこの高年齢者雇用確保措置に関する勧告に従わない企業名を公表する規定も設けられた．つまり，高齢者本人が希望する限りは 65 歳まで継続雇用される制度になったといえる．これは先に述べたように，厚生年金の支給開始年齢引き上げと，65 歳までの継続雇用を政策的に接続させる狙いがあったのである．

　そして今年（2020 年）議論されているのが，企業に 70 歳までの就業確保の努力義務を課す高年齢者雇用安定法の改正であり，マスコミ等では「70 歳定年法」とよばれている（日本経済新聞 2020 年 1 月 4 日朝刊）．この改正では，60 代後半の労働者の就業機会を拡大するために，すでに実施義務のある 3 つ（①定年退職年齢の引き上げ，②定年後の継続雇用制度の導入，③定年制の廃止）に加え，他企業への再就職の実現，フリーランス選択者や起業を選んだ人への業務委託，NPO などの社会貢献活動に参加する人への業務委託などの項目が追加される予定になっている．

　従来は，「65 歳までの継続雇用」が高齢者雇用の政策課題であった．しかし，年金支給開始年齢を 75 歳まで繰り下げて受給額を増やす年金制度も検討されている今日，雇用政策も（法律としてどのように明文化するかという議論はともかく）エイジフリーの方向に動いているといえるだろう．

2)　高齢者の働き方の多様化

　独立行政法人労働政策研究・研修機構の調査によれば[3]，継続雇用制度をもっている企業に継続雇用者の雇用形態について尋ねた結果（複数回答），68.7% の企業が「自社の正社員以外（嘱託・契約社員・パート等）」，45.8% の企業が「自社の正社員」の雇用形態をとっていた（内閣府 2017）．

　実際に「労働力調査」を用いて役員を除く中高年就業者の雇用形態をみると，60 歳を境にして，その雇用形態が多様化していることがわかる．男性の場合（図 2-3），55〜59 歳の雇用者数は 276 万人だが，そのうち 9 割が正規職員・従業員である．しかし，60〜64 歳になると正規職員・従業員と非正規職員・従業員の割合は半々になり，65〜69 歳になると非正規職員・従業員が 7 割を占めている．

　女性の場合（図 2-4），55〜59 歳の雇用者数は 239 万人で，そのうち 4割が正規職員・従業員である．60〜64 歳では正規職員・従業員の割合は 3 割を切り，65〜69 歳になると非正規職員・従業員が 8 割を超えている．男性ほどドラスティックではないが，女性でも 60 歳以降に「非正規化」が進んでいることがわかる．

　続いて「高齢者の生活と意識に関する国際比較調査結果」を用いて，日本の高齢者の就業継続を希望する理由を確認しておく（図 2-5）[4]．現在有職か否かは問わず「今後も収入の伴う仕事をしたい（続けたい）理由」についてみると，日本では「収入がほしいから」という理由がもっとも多く（49.0%），続いて「働くのは体によいから，老化を防ぐから」という理由が続いている（24.8%）．この健康上の理由を挙げている割合は，日本が一番高い．アメリカも日本と同様に「収入がほしいから」という理由がもっとも多くなっているが（52.7%），「仕事そのものが面白いから，自分の活力になるから」という理由が二番目になっている（28.1%）．

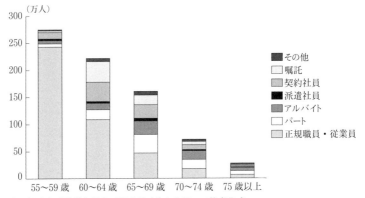

注：総務省「労働力調査（平成 30 年）」を用いて筆者作成.

図 2-3　年齢階級別・雇用形態別の雇用者数（男性）

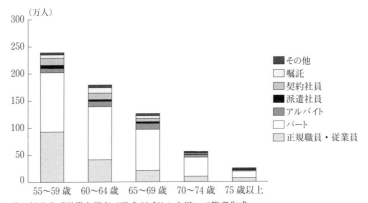

注：総務省「労働力調査（平成 30 年）」を用いて筆者作成.

図 2-4　年齢階級別・雇用形態別の雇用者数（女性）

対照的に，ドイツとスウェーデンでは，「仕事そのものが面白いから，自分の活力になるから」という理由が一番多くなっている（48.9%，54.4%）．このように日本の高齢者の就業継続を希望する利用をみると，仕事（のやりがい）そのものを目的とするよりも，健康を維持したい，とりわけ「収入がほしい」という経済的理由が多いことがわかる．

　先に述べたように，高齢者の就業形態は，年齢が高まるとともに正規

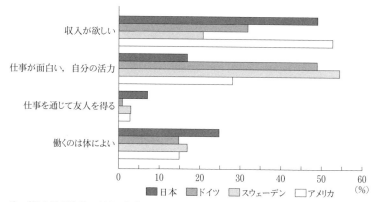

注：「第8回高齢者の生活と意識に関する国際比較調査結果（平成27年度）」を用いて筆者作成.
https://www8.cao.go.jp/kourei/ishiki/h27/zentai/pdf/kourei_h27_2-5.pdf

図2-5　就業継続を希望する理由の国際比較

職員・従業員の比率が減少し，非正規職員・従業員の比率が増加する．また「高齢社会対策大綱」でもエイジフリー社会の実現に向けた環境整備としてシルバー人材センター事業の推進などが挙げられていた．シルバー人材センターは，地域社会に密着した「臨時的・短期的又はその他の軽易な就業」を民間企業・個人や公共団体から引き受け，60歳以上の会員の希望や能力に応じて提供している[5]．シルバー人材センターは，「臨時的・短期的就業」もしくは「生きがい就業」といった理念からすれば，長期的に就業したい高齢者には不向きである．しかし地方の男性を中心に，労働市場への参入・退出を繰り返しながら，再就職活動の一環としてシルバー人材センターに加入している高齢者が存在していることも示唆されている（原田ほか 2009）．

3.　高齢者の地域貢献──住み慣れた地域で暮らす

1)　エイジング・イン・プレイス

　就業を継続するにしろ，引退するにしろ，高齢期は地域生活の比重が
大きくなる．高齢者のみならず，欧米諸国にくらべて転居回数が少ない
日本人は，「住み慣れた場所で老いる」ことが求められるといえよう．
実際に，内閣府の「高齢者の住宅と生活環境に関する調査（平成 30 年
度）」によれば，60 歳以上の男女に「現在住んでいる地域に住み続ける
予定があるかどうか」を尋ねた結果，93.1% の人が「ある」と回答し
ている．年齢階級別にみると，年齢が高くなるほど，住み続ける予定が
ある人の割合が増える傾向にある（内閣府 2019）．

　高齢者は，歩行能力の衰えといった日常生活動作障害によって生活範
囲が狭まるので，地域環境の影響を受けやすい．こうした理論的視角は，
欧米の老年学においては以前から用いられてきた（Lawton & Si-
mon 1968）．しかし日本では，住み慣れた地域で可能な限り生活し続け
るというエイジング・イン・プレイスという理念が強調されながら，地
域環境に着目した研究は低調であった．

　しかし近年，健康の社会的決定要因（Social Determinants of Health;
SDH）に関する議論が高まるにつれて，物理的あるいは社会的環境に着
目した研究が蓄積されつつある．これらの研究では，健康は遺伝子や生
活習慣だけでなく，個人の階層的地位や人間関係，そして地域環境とい
ったさまざまな社会的要因によって決定される点が理論的に重視される．
日本でも，地域や階層間の健康格差への関心が高まるにつれて，医学・
公衆衛生学における社会疫学（social epidemiology）とよばれる分野が発
展してきた．

　また住み慣れた場所で老いるというエイジング・プレイスという観点からいえば、「孤独死」や「無縁社会」といった社会的孤立（social isolation）の問題を避けて通ることはできない[6]．たしかに大都市における引退した高齢者は、これまでの「社縁」というしがらみから解き放たれて、匿名性の高い地域生活を謳歌することができる．しかし2010年1月にテレビ放映されたNHKスペシャル「無縁社会――"無縁死"3万2千人の衝撃」が、誰にも知られず引き取り手もないままに亡くなっている人びとが増加している実態を伝えると、「無縁社会」は時代を象徴する言葉になった．

　さらに、自治体が管理する公営団地では、年齢や収入といった一定の入居資格が設けられるため、住民は必然的に1人暮らし高齢者が多くなる．このような住民の半数以上が65歳の高齢者である「限界団地」では、孤独死対策が重要な課題にならざるを得ない[7]．

　以上のような地域社会における社会的孤立に対する関心が高まるにつれて、日本においてもソーシャル・キャピタル（social capital：社会関係資本）という概念が脚光をあびるようになった．ソーシャル・キャピタルとは、「人びとの協調行動を容易にさせる地域における信頼・規範・ネットワーク」のことをさす．この概念は、今日の格差社会をめぐる議論ともつながりをもつ．たとえば、地域における経済格差の拡大は、住民間の信頼や互酬性といったソーシャル・キャピタルを破壊し、結果として人びとの健康水準を低下させると考えられる．このメカニズムをめぐって、社会科学や健康科学にかかわらず、幅広い学際的な実証研究が積み重ねられている（稲葉 2011; Kawachi et al. 2008＝2008）．

　こうした地域の文脈効果（contextual effect）に関する研究の流れのなかで[8]、ロバート・サンプソンらは、地域の社会構造と個人の幸福感を結びつける鍵概念として集合的効力感を提示した．この集合的効力感は、「地域の利益になるように介入しようとする意思と結びついた隣人間の

社会的凝集性」と定義される（Sampson et al. 1997）. 具体的には, 地域の人びとへの信頼や互酬性といった「社会的凝集性（social cohesion）」の次元と, 地域における違反行為あるいは受け入れがたい出来事があった場合に人びとが行動を起こす可能性を指す「インフォーマルな社会統制（informal social control）」の次元からなる. この集合的効力感の含意については, 第7章で詳述する.

2）　地域貢献活動の担い手としての高齢者

エイジング・イン・プレイスという観点からいえば, みずからの地域社会を住みやすい生活の場にしていこうという「まちづくり」意識の高まりが, 高齢者の地域貢献（ボランティア）活動の活発化と密接に関連していると考えられる. こうしたまちづくりのボランティア活動は, 町内会・自治会中心の「伝統組織型」でも, 地域集団間の連合である「協議会型」でもなく, 特定の目的や契機で集まった小集団がそれ自体として自由で柔軟な活動を展開する「自由活動型」として把握されてきた（高橋 1996）.

ボランティア活動の活発化は, 都市社会学では「都市的生活様式」という視点から議論されてきた. 都市的生活様式は, 第一に, 家族の諸機能が行政・商業サービスといった専門機関に移行する「生活の社会化（socialization）」を意味していた. たとえば高齢者の介護であれば, 家族の扶養能力の低下に伴い, 訪問・通所介護サービスの利用や, 特別養護老人ホームといった福祉施設の利用が増加した. こうした生活問題の解決が専門機関に委ねられるとともに, 地域社会における相互扶助の必要性も低下することになった.

第二に, 人びとの生活が個人単位に分化し, 個々人がみずからの生活世界をもつようになる「生活の個人化（individuation）」も意味していた. 人びとは家族成員の一員として生活を営むというよりも, 個人単位の生

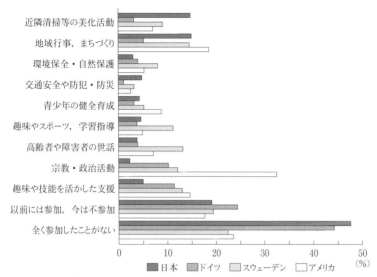

注：「平成27年度 第8回高齢者の生活と意識に関する国際比較調査結果」を用いて筆者
　　作成．主要な選択肢をピックアップした．https://www8.cao.go.jp/kourei/ishiki/
　　h27/zentai/pdf/kourei_h27_2-7.pdf

図2-6　ボランティア活動への参加状況の国際比較

活を営む傾向を強めてきたのである（高橋 1996；原田・高橋 2000）．

　しかし一方で，こうした「生活の社会化」と「生活の個人化」という
側面をもつ都市的生活様式の深化は，市場や行政による専門処理には適
さない生活領域があるのではないか，あるいはそもそも専門処理によっ
ては解決されない生活課題があるのではないかということを，われわれ
に問いかけることになった．こうした観点からみると，（高齢者の）ボラ
ンティア集団は，「生活の社会化」と「生活の個人化」が進んだ地域社
会において，社会と個人を媒介する中間集団としての役割を果たしてい
ると考えられる．高齢者の側からみれば，ボランティアを従来のように
慈善的なものとみるのではなく，社会貢献あるいは社会参加といった
「オルタナティブな（＝もう1つの）生活様式」の追求とみることができ
るようになったともいえよう（原田・高橋 2000）

　それでは「高齢者の生活と意識に関する国際比較調査結果」を用いて，日本の高齢者のボランティア活動への参加状況を確認してみよう（図2-6）.「現在，福祉や環境を改善するなどを目的としたボランティアやその他の社会活動に参加しているか」について，「全く参加したことがない」の割合は，日本（47.6％）がもっとも高く，ついで，ドイツ（44.2％），アメリカ（23.5％），スウェーデン（22.4％）の順となっている.

　具体的な活動についてみると，日本では，「地域行事，まちづくり活動」（15.0％）と「近隣の公園や通りなどの清掃等の美化活動」（14.8％）が，同程度の参加割合である．アメリカでは，「宗教・政治活動」（32.5％），「子供や青少年の健全育成に関する活動」（8.8％），「自分の趣味や技能などを活かした支援活動」（14.6％）の割合がほかの国に比べて高い．スウェーデンでは，「趣味やスポーツ，学習活動などの指導」（11.2％），「高齢者や障害者の話し相手や身の回りの世話」（13.2％）の割合がほかの国に比べて高い．「自分の趣味や技能などを活かした支援活動」への参加割合は，日本がもっとも低かった.

　こうした高齢者のボランティア活動は，第1章で整理したプロダクティブ・エイジングという観点から，あるいは世代間もしくは世代間互酬（相互扶助）という観点からも，今後ますますその重要性を増していくだろう.

注

1　清家（2006）によれば，若年者の雇用確保のために高齢者の早期退職をうながすという「世代間ワークシェアリング」政策の結果は惨憺たるものであった．たしかに西ヨーロッパ諸国での高齢者の労働力率は低下したが，若年者の失業率は低下しなかったのである．早期退職の促進によって財政負担が高まる一方で，若年者の失業率が改善しなかったことによって，各国は社会的コストだけを増やしたことになり，1990年代に入って高齢者の就業継続に政策を転換していった.

2　森戸（2009）は，高年齢者雇用安定法の2004年改正までは，基本的に「60歳までは雇用で，60歳から64歳までは雇用と年金で，65歳以降は年金で」

という，まさに年齢を基準とした，つまりまったくエイジフリーではない引退過程のモデルが前提となっていたと述べている.

3　この「高年齢社員や有期契約社員の法改正後の活用状況に関する調査」は，常用労働者 50 人以上を雇用している全国の民間企業を対象に 2013 年に実施されている.

4　「高齢者の生活と意識に関する比較調査」は，日本の高齢者と諸外国の高齢者の生活意識を把握するために，1980 年から 5 年ごとに実施されている．この第 8 回の調査は，この 4 か国の 60 歳以上の男女（施設入所者は除く）が，調査対象者となった.

5　シルバー人材センターは，プロダクティブ・エイジングの観点から，定年退職者に臨時的・短期的な就業機会を提供している事業モデルとして，アメリカの研究者によって，ほかの先進国への適用可能性が議論されたこともある（Bass & Oka 1995）.

6　この地域社会における社会的孤立の問題や，フードデザート問題，そしてコンパクトシティといった高齢化に対応した都市づくりに関する論点については，拙稿を参照（原田 2018a）.

7　大野晃（2005）によれば，「限界集落」とは，65 歳以上の高齢者が集落人口の半数を超え，冠婚葬祭をはじめとする社会的共同生活の維持が困難な状況に置かれている集落を指す．この村落部における限界集落という言葉になぞらえて，都市部における限界団地がマスコミの注目を集めるようになった（『朝日新聞』2009 年 5 月 1 日朝刊など）.

8　都市社会学的な見地からいえば，かつてシカゴ学派が追究した都市的なコンテクストの問題が，21 世紀の犯罪研究や健康研究において再び脚光をあびたともいえる．サンプソン自身は，研究方法をめぐる議論において，シカゴ学派というくくりはもう必要ないだろうと述べ，「シカゴスタイル」という表現を用いている（Sampson 2002）．そして，ステファン・ローデンブッシュとサンプソンは，個人レベルでの計量手法である「サイコメトリクス（psychometrics）」に対比させて，これと区別すべき生態学的な計量手法として「エコメトリクス（ecometrics）」の必要性を主張した（Raudenbush & Sampson 1999）．エコメトリクスとは，地域レベルの諸特性を計量的に把握するためのさまざまな手法のことである.

9　筆者らは，1 都 3 県の 30 自治体調査を用いて，サンプソンの集合的効力感尺度の下位次元である社会的凝集性と居住満足度の関連を検討し，個人レベルの社会的凝集性の評価だけでなく，地域（町丁目）レベルの社会的凝集性の高さが居住満足度を高めることを明らかにしている（原田・杉澤 2015）.

10　地域社会におけるボランティアや NPO（Non-Profit Organization：非営利組織）がどのような経緯で誕生し，どのような役割を果たしているのかについては，拙稿を参照（原田 2018b）.

第Ⅱ部
エイジズムの測定と関連要因

　以上のような日本における高齢者像をふまえた上で，第Ⅱ部では，高齢者に対する否定的な認知・感情というエイジズムをどのように測定するのか，そして若年者におけるエイジズムに関連する心理社会的要因は何かを，「エイジズム調査」を用いて実証していく．

　まず，国内外におけるエイジズム研究の動向を，おもに一般高齢者に対する態度を測定する尺度開発の展開を中心に整理する．そして筆者らが開発した「日本語版 Fraboni エイジズム尺度短縮版」の項目群を紹介し，エイジズム研究の射程を検討していく．

　続いて，親しい高齢者が少ない者，祖父母との同居経験がない者ほどエイジズムが強いという「接触頻度」仮説，加齢に関する事実を知らない者ほどエイジズムが強いという「知識」仮説，生活満足度が低い者，老後生活に対する不安感が高い者ほどエイジズムが強いという「不満・不安」仮説にもとづいて，若年者におけるエイジズムに関連する要因を検証していく．誰が，高齢者を差別しているのだろうか．

第3章　どのように高齢者に対するエイジズム を測定するのか？
──高齢者に対する否定的な認知・感情

1. 欧米における「高齢者に対する態度研究」の展開

　本章は，まず国内外におけるエイジズム研究の動向を，おもに一般高齢者に対する態度を測定する尺度開発の展開を中心に整理していく[1]．海外では，トッド・ネルソンを編者とする論文集が出版され，その執筆者（おもに心理学者）たちが中心となり2005年には *Journal of Social Issues* においてエイジズムの特集が組まれている（Nelson 2005）．また，2007年には *Social Forces* においてもヴィクター・マーシャルを中心に「エイジズムの社会学」が特集されている（Marshall 2007）．日本においても，国内外のエイジズム研究を概観する論稿が増えつつある（成田2008；唐沢 2018）．次に，筆者らが開発した「日本語版 Fraboni エイジズム尺度短縮版」の項目群を紹介し（原田ほか 2004），あわせて，近年の本尺度を用いた研究の知見についても述べる．そして最後に，上記の研究動向をふまえた今後の課題と展望として，エイジズム研究の射程を3つの視点から検討していく．

1) 包括的な尺度開発の始まり

　欧米における「高齢者に対する態度」に関する研究は，測定尺度の開発を中心に展開してきた（Fraboni et al. 1990; Kite & Wagner 2002）．その源流である1950・60年代には，主に高齢者のステレオタイプに関する尺度開発がすすめられた．たとえば Tuckman and Lorge scale は，137

項目からなり，13 カテゴリ（保守主義，身体的特徴，家族，パーソナリティ など）に分類される包括的な尺度である．本尺度は，フルバージョンで 用いられることは稀であったが，後で紹介する日本の諸研究にも多大な 影響を与えた（Tuckman & Lorge 1953）．

　Kogan's Old People Scale は，肯定的な言及 17 項目と否定的な言及 17 項目の計 34 項目からなる尺度であり，エスニック・マイノリティに対 するステレオタイプ研究などを参照して作成された（Kogan 1961）．

　また，エイジング・セマンティック・ディファレンシャル（Aging Semantic Differential; ASD）は，多次元（多因子）的なステレオタイプを 測定する，SD 法による高齢者イメージ研究の先駆けである（Rosen-cranz & McNevin 1969）．本尺度は，高齢者に対して個人が抱く印象を対 となる形容詞（強い—弱い，積極的—消極的など）を用いて，段階別に評 価する方法である．

2)　多次元的な測定の展開と加齢に関する知識

　1970・80 年代に入ると，ステレオタイプ以外の高齢者に対する態度 の多次元的な測定や，加齢に関する知識の測定が行われるようになった． キース・キルティとアレン・フェルドは，これまでの尺度が扱ってきた 老化に対する一般的な態度に関する 45 項目および，より実践・政策的 な課題である高齢者のニーズに対する考え方に関する 35 項目を用いて， それぞれ因子構造の検討をおこない，後者に関して 4 因子（一般的な福 祉受給，高齢者の社会的排除，コミュニティに住み続ける権利，高齢者とコミュ ニティの互酬）を明らかにしている（Kilty & Feld 1976）．

　ルドルフ・ケイファーらは，Aging Opinion Survey のデータを用いて 探索的因子分析をおこない，老化と高齢者に対する態度に関する 3 因子 （ステレオタイプ的な老化，老化に対する個人的な不安，高齢者の社会的価値） を明らかにしている（Kafer et al. 1980）．

　加齢に関する知識については，25 項目からなる Palmore's Facts on Aging Quiz（FAQ）がもっとも頻繁に用いられている尺度のひとつであり，比較文化的な研究が数多く行われている（Palmore 1977; Palmore 1998）．この尺度は，否定的および肯定的なバイアスの得点を算出することも可能であり，エイジズムを弱めるための教育・介入プログラムの効果測定にも数多く用いられてきた．

3）　確認的因子分析の導入とエイジズムの直接的な測定

　1990 年以降は，統計的な手法の進展に伴い，さまざまな多次元的なステレオタイプに関する研究が進められている．ダニエル・シュミットやメアリー・ハマートらは，クラスター分析を用いて肯定的および否定的ステレオタイプの類型化を試み，年齢（若年者，中年者，高齢者）による比較研究などを蓄積している（Schmidt & Boland 1986; Hummert 1990; Hummert et al. 1994）．さらに，確認的因子分析を用いた ASD の因子構造に関する研究なども進められている（Intrieri et al. 1995）．

　パルモアは，60 歳以上の高齢者を対象とした Ageism Survey において，年齢に関する偏見と差別にかかわる出来事の経験頻度を尋ねて，エイジズムの測定を試みている（Palmore 2001）．

　マリアン・フラボニらは，既存の尺度は否定的なステレオタイプや信念といったエイジズムの認知成分のみをとらえていると述べ，敵対・差別的な態度や高齢者との接触を回避するような感情成分をも測定するエイジズム尺度の必要性を指摘した（Fraboni et al. 1990）．そしてフラボニは，ゴードン・オルポートの偏見の定義を反映した（Allport 1958＝1961），ステレオタイプ化された「誹謗（antilocution）」，高齢者との「接触の回避（avoidance）」，高齢者の排除を支持する「差別（discrimination）」の 3 つの構成概念からなる「Fraboni エイジズム尺度（Fraboni Scale of Ageism; FSA）」を開発した（Fraboni et al. 1990）．本尺度は，デ

ボラ・ラップらによって因子構造および構成概念妥当性の検討が行われ（Rupp et al. 2005[2]），教育老年学におけるエイジズムに関する介入研究などで用いられている（Kalavar 2001; Stuart-Hamilton & Mahoney 2003[3]）．

リンゼイ・キャリーらは，敵対的エイジズム（hostile ageism）だけでなく，過剰に保護的な態度をとる慈善的エイジズム（benevolent ageism）も測定する「両面価値的エイジズム尺度（Ambivalent Ageism Scale; AAS）を開発した（Cary et al. 2017）．慈善的エイジズムを示す下位尺度は，「助けを求めていなくても，高齢者は常に助けられるべきだ」「話しかけられたことを理解するのに時間がかかることがあるので，高齢者にはゆっくり話すのが良い」「最終的に失敗した時に傷つくことがあるので，高齢者に特定のことをするには年を取りすぎていると伝えるのは良いことだ」などの項目で構成されている．本尺度の妥当性の検証において，この慈善的エイジズムの得点は，Fraboni エイジズム尺度の得点と「正の相関」を示すことが報告されている．

2.　日本におけるエイジズム研究の系譜

日本における高齢者に対する態度研究は，古谷野によってレビューされているが（Koyano 1989；古谷野 2002），ここでは先に述べた尺度を国内で用いた諸研究を簡潔に整理しておく．

中谷陽明は，Tuckman and Lorge scale を参照して，「老人観スケール」を作成し，児童が抱く老人観の測定を試みている（中谷 1991）．老人観スケールの主成分分析の結果，3つの主成分（身体，情緒，行動）が抽出され，高齢者との交流が多いほど肯定的な老人観を抱いているという知見が示された．

SD法を用いた老人イメージに関する研究は，児童，大学生，中高年といった異なる世代ごとの調査が行われてきた（保坂・袖井 1988；中野

1991；古谷野ほか 1997）．古谷野らは，中高年者を対象として 19 個の形容詞対を用いて評価した因子分析の結果，3 因子（力動性，親和性，洗練さ）を抽出した．そして児童や大学生を対象とした先行研究の知見をふまえて，児童期には肯定的であった老人イメージが，青年期にもっとも否定的になり，その後に肯定的な方向に変化していくという加齢変化を指摘した（古谷野ほか 1997）．堀による「エイジングへの意識」の世代間比較も，高齢者は大学生よりも「老い」を肯定的に捉えていることを示していた（堀 1996）．

　加齢に関する知識については，パルモアの FAQ を用いた研究が行われてきた（前田 1979；前田・サスマン 1980；堀・大谷 1995）．前田大作らは，日米の青壮年の比較研究の結果，加齢に関する知識の得点は両国で差異は見られなかったが，加齢に関する事実を否定的に理解していることを示す「否定的なバイアス得点」は米国より日本の方が高いことを明らかにした（前田・サスマン 1980）．また古谷野らは，加齢に関する知識の得点を従属変数とした分析の結果，性・年齢・高齢者との同居は有意に関連しないが，学歴が有意に関連することを示した（Koyano et al. 1987）．その他にも，小田利勝は独自に作成した「高齢化社会クイズ」にもとづき，多くの人びとが高齢化問題に対して，否定的事柄に関しては事実よりも過大に，肯定的事柄に関しては過小に認識していることを明らかにした（小田 1995）．

3．エイジズムの測定──「日本語版 Fraboni エイジズム尺度短縮版」

1）「日本語版 Fraboni エイジズム尺度短縮版」の開発

　このように日本においても，老人観，老人イメージといった高齢者に対する認知成分に関する研究がすすめられてきた．しかし，差別的な態

71

表 3-1　日本語版 Fraboni エイジズム尺度短縮版

質問項目
1) 多くの高齢者（65 歳以上）はけちでお金や物を貯めている
2) 多くの高齢者は，古くからの友人でかたまって，新しい友人をつくることに興味がない
3) 多くの高齢者は過去に生きている
4) 高齢者と会うと，時々目を合わせないようにしてしまう
5) 高齢者が私に話しかけてきても，私は話をしたくない
6) 高齢者は，若い人の集まりによばれた時には感謝すべきだ
7) もし招待されても，自分は老人クラブの行事には行きたくない
8) 個人的には，高齢者とは長い時間を過ごしたくない
9) 高齢者には地域のスポーツ施設を使ってほしくない
10) ほとんどの高齢者には，赤ん坊の面倒を信頼して任すことができない
11) 高齢者は誰にも面倒をかけない場所に住むのが一番だ
12) 高齢者とのつきあいは結構楽しい　＊
13) できれば高齢者と一緒に住みたくない
14) ほとんどの高齢者は，同じ話を何度もするのでイライラさせられる

注 1) ＊は逆転項目
2) 否定的な項目では，「そう思う（5 点）」「まあそう思う（4 点）」「どちらともいえない（3 点）」「あまりそう思わない（2 点）」「そう思わない（1 点）」を配点し，肯定的な項目（＝逆転項目）では 1 点から 5 点を配点し得点化する．
3) 原田ほか（2004）にもとづき作成.

度や高齢者との接触を回避するような感情成分を含めたエイジズムを定量化し，標準的に利用可能な尺度は見当たらなかった．そこで筆者らは，FSA のような認知成分だけでなく感情成分をも測定するエイジズム尺度の開発が必要であると考え，その因子構造を検討し，「日本語版 Fraboni エイジズム尺度短縮版（以下，FSA 短縮版）」の作成を試みた．作成手順の詳細については，拙稿を参照していただきたい（原田ほか 2004)[4].

　「エイジズム調査」のデータを用いて，項目分析および探索的因子分析を行った結果，「嫌悪・差別」「回避」「誹謗」を表す 3 因子が抽出された．具体的に「嫌悪・差別」因子は「高齢者には地域のスポーツ施設を使って欲しくない」「高齢者は誰にも面倒をかけない場所に住むのが一番だ」などの 6 項目（表 3-1 の項目 4，5，6，9，10，11)，「回避」因子は「個人的には，高齢者とは長い時間を過ごしたくない」「もし招待されても，自分は老人クラブの行事には行きたくない」などの 5 項目（項

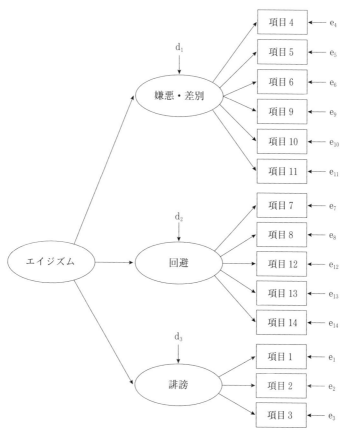

図 3-1　日本語版 FSA 短縮版の構造（3 因子 2 次因子モデル）

目 7, 8, 12, 13, 14），「誹謗」因子は「多くの高齢者は，古くからの友人でかたまって，新しい友人をつくることに興味がない」などの 3 項目からなる（項目 1, 2, 3）．

　続いて「エイジズム」という 2 次潜在変数と，「嫌悪・差別」「回避」「誹謗」という 3 つの 1 次潜在変数から構成されるモデルを構築し（図 3-1），確認的因子分析を実施した．その結果，3 因子 2 次因子モデルにおける χ^2 （74df）は 507.362 であったが，GFI（Goodness of Fit Index）

が .943，AGFI（Adjusted Goodness of Fit Index）が .920，RMSEA
（Root Means Square Error of Approximation）が .068 であった．それぞ
れ仮定した因子負荷は，いずれも十分な大きさの値であり，すべて統計
的に有意であった（$p < .001$）．

　この 14 項目からなる短縮版の α 係数は .85 であり，各下位尺度の α
係数も .7 をこえており，本尺度は十分な信頼性を有していると判断で
きる．以上の結果は，FSA 短縮版が，十分な内的整合性も有しており，
エイジズムの測定尺度として一定の構成概念妥当性と信頼性を有してい
ることを示している（原田ほか 2004）．

2）　FSA 短縮版を用いた研究の展開

　筆者らが開発した FSA 短縮版は，さまざまな研究目的に沿って使用
されてきた．以下では，FSA 短縮版を用いた 3 つの調査研究を通じて，
近年のエイジズム研究の動向を確認しておきたい[5]．

　第一は，杉井の中高年者を対象とした研究である（杉井 2007）．この
研究は，高齢者虐待を未然に防止する意図から，現代社会に潜むエイジ
ズム構造を解明することを目的とし，老いを実感し介護役割も期待され
始める 40 歳以上の一般層が対象である．具体的には，FSA を用いて近
畿地方の 40 歳以上の男女 1,104 人を対象に郵送調査が実施された．

　分析の結果，エイジズムについて，高齢であるほど，また病気がちで
あるほど高齢者を差別する意識が強いという自己排除の構造，あるいは
同質性のなかでの差異化と呼ぶべき差別構造が明らかにされている．さ
らに男性の方が女性よりエイジズムが強いというジェンダー構造も指摘
されている．

　第二は，前田らの看護学生を対象とした研究である（前田ほか 2009）．
この研究は，看護学生が「将来高齢者を看護する職場で働きたい」とい
う意志に関連する要因を探ることを目的とし，卒業を間近にした看護学

校の 3 年生 240 人が対象である．

　分析の結果，高齢者を対象とした職場で働く意志に影響した要因は，
「実習を通じて高齢者への理解が深化したこと」「エイジズム傾向が弱い
こと」であった．実習やそのなかで行われるカンファレンスを通して，
高齢者理解を深める指導，エイジズムを弱める教育により，看護学生に
将来の高齢者看護への選択を促すことが可能であると指摘されている．

　第三は，松尾真佐美と谷口幸一の高齢者福祉施設職員を対象とした研
究である（松尾・谷口 2006）．この研究は，高齢者イメージおよびエイジ
ズム尺度の信頼性・妥当性の検討をふまえて，高齢者施設で働く職員の
高齢者イメージやエイジズムがどのような要因によるものかについて，
特別養護老人ホームおよびデイサービスの職員 533 人を対象に検証して
いる．

　分析の結果，FSA 短縮版は，福祉施設職員にはきつく感じられるワ
ーディングの項目が含まれているとし，5 項目からなる簡便な尺度が提
示されている．また，エイジズム尺度と高齢者イメージの関連性を検討
した結果，エイジズムが強い人ほど高齢者イメージが低くなることを明
らかにしている．そして，今後の高齢者施設職員の高齢者観の課題は，
施設として取り組める環境・知識の内容や研修の回数などの改善である
と指摘している．

4.　日本におけるエイジズム研究の展開

　以上の FSA 短縮版を用いた実証研究の展開をふまえて，日本におけ
るエイジズム研究の動向を，3 つの研究課題に整理しておきたい．

　第一は，高齢者看護／福祉の「専門職（および専門職を希望する学生）
の高齢者観」に関する研究課題である．具体的に，病院や福祉施設で働
く職員の高齢者観が，職場環境や研修内容によって変わるのか，学生が

高齢者を看護／介護する職場を希望（あるいは忌避）する要因は何で，その志向性を老年学教育で変えられるのかといった分析が求められる．先に整理した FSA 短縮版を用いた諸研究は，まさにこの論点を追究していた．

　第二は，日本の老年学研究が蓄積してきた「児童の高齢者観」研究を発展させる形になる世代間交流に関する研究課題である．具体的に，小学校などにおける児童と高齢者との世代間交流事業の実践を積み重ね，その事業が児童の高齢者観および高齢者の幸福感に及ぼす効果分析が求められる．

　近年，藤原佳典らの「高齢者による学校ボランティア活動（絵本の読み聞かせ）を通じた児童との世代間交流型介入研究 "REPRINTS"（Research of Productivity by Intergenerational Sympathy）」の知見が積み重ねられている（藤原ほか 2007）．そのなかでも，児童の高齢者イメージは成長とともない低下する可能性があるが，高齢者ボランティアとの交流頻度が高い児童では，介入後も肯定的な高齢者イメージを維持している点が示唆されている．ただし，第一の課題とも関連するが，高齢者との交流経験はその内容によってエイジズムを強めることにもなりかねない．

　第三は，第 1 章で整理した，エイジズムに対する反論として提起され，高齢者の生産的な社会参加の重要性を主張する「プロダクティブ・エイジング」論（Butler & Gleason 1985＝1998），あるいは年齢を基準としない生涯現役を目指す「エイジフリー社会」論に関連する研究課題である（清家 2006）．しかし，高齢者の就業継続のように，むやみにエイジフリー社会を強調することは，今日の経済状況下において世代間の信頼を壊し，深刻な対立をもたらしかねない．本章では，一般高齢者に対するエイジズム研究の動向を概観してきたが，第Ⅲ部では高齢者の雇用管理や，就業における年齢制限の問題をふまえて，職場におけるエイジズムと世

代間関係について検討していく(杉澤ほか 2003).

　実際に世代間の信頼について,杉原陽子らは,経済的な問題よりも,エイジズムの強さや加齢に関する知識の乏しさが,年金・介護保険料の支払いといった世代間扶養に対する否定的な意識に結びついていることを指摘している(杉原ほか 2003).つまり,世代間の信頼を考える際の根本問題として,エイジズムは位置づけられる.これまでの老年学における研究蓄積からいえば,若年者が高齢者をサポートするという一方向的でない,世代内もしくは世代間の相互扶助(古典的な概念でもある互酬)に関する活動実践を蓄積し(原田・高橋 1999),それらを多角的に検討することがエイジズム解消の一歩につながると考える.

注

1　態度とは「判断や思考を一定方向に導く心的傾向.ある特定の対象に対する心的傾向」である(宮島編 2003).カート・ダンジガーは,態度という概念を社会心理学の中心をなす概念にした研究として,20世紀初頭のウィリアム・トーマスとフローリアン・ズナニエツキによるポーランド移民に関する古典を挙げている(Danziger 1997＝2005).ここでいう態度の概念は,「社会組織の諸原理」にかかわる社会学と,「個人の諸状態」を扱う心理学,この2つのレベルの相互依存関係を扱う社会心理学の象徴的な概念として用いられた.社会心理学における態度は,協調関係,相互依存関係,個人の意識や文化価値の研究のために用いられねばならなかったのである.この点に関して,竹村和久は,現代的な用語を用いるならば,個人レベルと社会レベルのミクロ・マクロ関係を説明する基礎概念として態度という概念が登場したと考えることができると述べている(竹村 2005).

2　たとえば,イアン・スチュアート・ハミルトンらは,ワークショップ参加(数時間の加齢に関する知識の講義とディスカッション)の効果に関する検討をおこない,ワークショップ参加前後で,FSAの「誹謗」の得点は低下したが,「差別」と「回避」の得点は変化しなかった点を明らかにしている(Stuart-Hamilton & Mahoney 2003).

3　ラップらは,大学生を対象とした調査結果から,フラボニらが措定した因子構造とは若干異なる構造を確認的因子分析によって確認し,23項目から成る修正版を提示している.この結果は,本尺度の因子構造の安定性の問題を示唆しており,項目水準では所属因子の異同がありうると考えられる(Rupp et al. 2005).

4　本尺度の日本語版は，まず研究者が各項目を翻訳して原案を作成した．次に，その原案を用いてプリテストを実施し，各項目の平均および分散を確認した上で，日本語訳の修正を加えた．その日本語訳を英語のネイティブに依頼して再翻訳し，英語原文との対応を確認した上で，最終的な日本語版を確定した．なお，原著者から本尺度の使用許諾を得た．

5　朴蕙彬（2018）は，2017年4月時点までの国内におけるエイジズム研究の文献レビューをおこない，（本章で取り上げた論文も含めて）FSA短縮版を用いた論文12本の分析結果なども整理している．本尺度がとくに老年看護分野において使用されている点は，開発者である筆者としては「意図せざる結果」であり，興味深い．

第4章　誰が高齢者を差別しているのか？
——若年者におけるエイジズムの心理社会的要因

1. 接触頻度仮説，知識仮説，不満・不安仮説

　これまで述べてきたように，日本においても高齢者就業の議論や社会保障をめぐる高齢者と若年者の世代間関係の議論を通じて，エイジズムという言葉を目にする機会が増えてきた．このエイジズムという概念は，レイシズム（人種差別），セクシズム（性差別）に続く，第3の「イズム」として，1969年のバトラーの論文において初めて用いられた（Butler 1969）．バトラーは，エイジズムの概念を「高齢であることを理由とする，人びとに対する系統的なステレオタイプ化と差別のプロセス」と定義している（Butler 1995）．このエイジズムは，ステレオタイプと神話，直接的な蔑視・嫌悪，接触の回避，住宅・雇用・多様なサービスにおける差別的な行為など，個人的レベルおよび制度的レベルにおいて幅広い現象として現れている．

　フラボニは，バトラーのエイジズム概念の意義をふまえた上で，既存の尺度はごく少数の例外を除き，否定的なステレオタイプといったエイジズムの認知成分のみをとらえていると述べ，敵対・差別的な態度や高齢者との接触を回避するような感情成分をも測定するエイジズム尺度の必要性を指摘した（Fraboni et al. 1990）．そしてフラボニは，オルポートの偏見の定義を反映した，「誹謗（antilocution）」，「接触の回避（avoidance）」，「差別（discrimination）」の3つの構成概念を措定し，「Fraboniエイジズム尺度（Fraboni Scale of Ageism; FSA）」を開発した．近年，欧

米において FSA の因子構造および構成概念妥当性に関する検討が積み重ねられつつある（Rupp 2005）.

　日本においても，第3章で概括したように，高齢者に対する認知成分に関する研究が，SD 法による老人イメージの分析を中心に展開されてきた. また，パルモアの The Facts on Aging Quiz（FAQ）を用いた加齢に関する知識の分析が行われ，エイジングへの意識研究などが蓄積されてきた. そして筆者らは，日本においても FSA のようにエイジズムを定量化し標準的に利用可能な尺度が不可欠と考え，認知成分だけでなく感情成分をも含む「FSA 短縮版」を作成したわけである（原田ほか2004）.

　本章は，この FSA 短縮版を用いて，都市部の若年男性におけるエイジズムに関連する要因を検討することを目的とする. パルモアによるエイジズムの要因に関する議論（Palmore 1999＝2002），日本での老人イメージをはじめとする高齢者観に関する先行研究の知見をふまえて，本分析は以下の3つの仮説を設定した.

　第1の仮説は，親族・仕事仲間など日頃から親しくしている高齢者が少ない者，祖父母との同居経験がない者ほどエイジズムが強いという「接触頻度」仮説である. これは，集団間の偏見や差別はお互いの接触頻度を増やせば低減するという考え方にもとづく. ただし，集団間の接触が集団間葛藤を増幅させることもあり，接触が偏見や差別の低減といった望ましい効果をもつためには，社会的・制度的支持，地位の対等性や共通目標の追求といった条件が必要とされる（Brown 1995＝1999）.

　保坂・袖井は，大学生の老人イメージに関連する要因として「祖父母との会話・思い出」や「祖父母以外の老人との接触」が対象者の基本的属性よりも重要であることを指摘している（保坂・袖井 1988）. 本分析では，もっとも身近な高齢者である祖父母との同居経験と，日常生活における親族関係や仕事仲間といったネットワークが，エイジズムに与える

影響を検討する．

　また，社会学における意識・態度研究では，家族意識や外国人への排他性といった人びとの意識・態度に対する社会的ネットワークの影響を検証する研究が積み重ねられている（伊藤 2000；原田 2002）．これらの研究では，個人を取り巻く親族，隣人，友人ネットワークが特定の意識を維持・強化したり，逆にその拘束力を弱めたり相対化する効果に着目してきた．この構造分析（structural analysis）とよばれる分析枠組みは，「価値・態度・規範は社会関係の構造化されたシステムにおける位置から生じる」という考え方に立っている（Wellman 1988）．

　第 2 の仮説は，加齢に関する事実を知らない者ほどエイジズムが強いという「知識」仮説である．パルモアは，エイジズムの個人的要因として「無知」を挙げ，加齢についての事実を知らない者ほど高齢者に対する否定的な態度が目立つ点を指摘している（Palmore 1999＝2002）．そして仮にそうであれば，年をとるということが実際にどういうことなのかを理解することによって，高齢者に対する思い込みによる固定観念が弱まる可能性がある．

　この論点に関して，フラボニらの分析結果は，FAQ 得点と FSA 得点の負の相関関係を示している（Fraboni et al. 1990）．本分析では，日本においても同様の関連がみられるのか，FAQ にもとづく加齢に関する知識とエイジズムの関連を検討する．

　第 3 の仮説は，生活満足度が低い者，老後の生活に対する不安感が高い者の方がエイジズムが強いという「不満・不安」仮説である．パルモアは，日常生活で欲求不満が強まるにつれて個人のなかの敵対的行動が高まるという「フラストレーション―攻撃理論」にもとづき（Dollard et al. 1939; Simpson & Yinger 1985），若年者の高齢者に対する偏見は，欲求不満の強さに原因がある可能性を示唆している（Palmore 1999＝2002）．つまり，高齢者集団が，若年者集団の欲求不満から生じた敵意

のスケープゴート（身代わり）になっているという見方である.

　またパルモアは，若年者にとって高齢者は死（という恐怖）を想起させる存在であるため，死への不安が強い者ほど高齢者に対する偏見が強い可能性を指摘している（Palmore 1999＝2002）. こうした老いにかかわるさまざまな不安感が，高齢者を嫌悪しなるべく回避しようとする感情や行動につながっているのかもしれない. 本分析では，この不満・不安感といったエイジズムを支える心理的要因にも着目した.

2.　方法

1)　データ

　本章の分析は「エイジズム調査」のデータを用いた（調査方法の詳細については序章の第5節「本書で用いるデータ」を参照）.

2)　変数

(1)　従属変数

　エイジズムは，FSA短縮版（3因子14項目）を用いて測定した（原田ほか 2004）. 本分析では，14項目の「合計得点」および「嫌悪・差別」「回避」「誹謗」からなる3つの下位尺度の得点を従属変数とした.

　調査票では，「65歳以上の高齢者についておききします」という導入文をつけて，各項目について「そう思う」「まあそう思う」「どちらともいえない」「あまりそう思わない」「そう思わない」という5つの選択肢から回答を得た. それぞれの選択肢に5点から1点を配点し単純加算して得点化した.

　「嫌悪・差別」は「高齢者には地域のスポーツ施設を使って欲しくない」「高齢者が私に話しかけてきても，私は話をしたくない」「高齢者に

表 4-1　FSA 短縮版の得点分布と信頼性

	得点分布					信頼性
	範囲	平均値	標準偏差	歪度	尖度	Chronbach の α 係数
嫌悪・差別（6 項目）	6〜30	10.24	3.57	.82	.47	.79
回避（5 項目）	5〜25	13.18	3.67	.11	.06	.77
誹謗（3 項目）	3〜15	8.32	2.40	-.09	.13	.73
合計得点（14 項目）	14〜61	31.73	7.70	.21	-.08	.85

注：$n = 1,230$

会うと，時々目を合わせないようにしてしまう」「高齢者は誰にも面倒をかけない場所に住むのが一番だ」「高齢者は，若い人の集まりによばれた時には感謝すべきだ」「ほとんどの高齢者には，赤ん坊の面倒を信頼して任すことができない」の 6 項目を用いて測定した.

　「回避」は「個人的には，高齢者とは長い時間を過ごしたくない」「もし招待されても，自分は老人クラブの行事には行きたくない」「できれば高齢者と一緒に住みたくない」「高齢者とのつきあいは結構楽しい（逆転項目）」「ほとんどの高齢者は，同じ話を何度もするのでイライラさせられる」の 5 項目を用いて測定した.

　「誹謗」は「多くの高齢者は，古くからの友人でかたまって，新しい友人をつくることに興味がない」「多くの高齢者は過去に生きている」「多くの高齢者はけちでお金や物を貯めている」の 3 項目を用いて測定した.

　本尺度の得点分布と信頼性は表 4-1 のとおりである.

(2)　独立変数

　エイジズムの関連要因として取り上げる変数は，基本属性，ネットワーク，加齢に関する知識，生活満足度，老後不安感である. 基本属性は，年齢，就学年数，従業上の地位を用いた.

　ネットワーク指標は，日頃から何かと頼りにし，親しくしている

「（別居の）60歳以上の親族数」,「60歳以上の職場・仕事仲間数（現在や元の会社の同僚・上司・部下・取引先の方など）」および祖父母との同居経験（10年以上）の有無を用いた. 分析では, 分布の非対称度（歪度）を補正するために, クロード・フィッシャーをはじめとするネットワーク分析の標準的な方法にもとづき, 親しい親族数および仕事仲間数のそれぞれに1を加え, 10を底にする対数変換した値を投入した（Fischer 1982＝2002）.

　加齢に関する知識は, パルモアの The Facts on Aging Quiz: Part 1 (FAQ 1) を用いた（Palmore 1977; Palmore 1998）. FAQ 1は, 肯定的・否定的な偏見（bias）を測定する点数化の方法と知識量を測定する点数化の方法が異なるが, 本分析は, 後者の方法を採用した. 具体的には, 日本において正答が不明確な3項目（「医療従事者の大半は高齢者を後回しにする傾向がある」「高齢者は年とともに信心深くなる」「高齢者の健康状態と経済的地位は2010年には（若い人びとと比べて）ほぼ同じか悪化しているだろう」）を除き, 22項目に対する正答数を分析に投入した.

　生活満足度は,「全体として今の生活」に対して「非常に満足している（5点）」から「まったく満足していない（1点）」という選択肢を用いて回答を得た. 老後の生活に対する不安感は,「生きがいが持てなくなること」「生活費が足りなくなること」「社会との交流が少なくなること」「ねたきりになったり, ぼけたりして, 家族や周りの人に迷惑をかけること」「老後に住むところがなくなること」「十分な介護サービスが受けられないこと」という6項目に対して,「大いに不安（2点）」「まあまあ不安（1点）」「あまり不安はない（0点）」「わからない（0点）」という選択肢を用いて回答を得た. 本分析では, それぞれの項目得点を単純加算して, 老後不安感を示す尺度として用いた（α係数＝.83）.

表 4-2　分析対象者の特性

基本属性	
年齢	32.01±4.21
就学年数	14.15±2.20
従業上の地位	
雇用者	83.6%
自営	10.7%
無職	5.8%
ネットワーク	
60 歳以上の親族数	2.21±2.72
60 歳以上の仕事仲間数	1.26±3.05
祖父母との同居経験	
なし	75.2%
あり	24.8%
知識	
加齢に関する知識	9.26±3.54
満足度・不安感	
生活満足度	3.44±0.98
老後不安感	5.52±3.34

注：平均値 ± 標準偏差または割合（%）を表示.
　　$n = 1,230$

3)　分析方法

　エイジズムに関連する要因分析は，FSA 短縮版の合計得点および下位尺度別の得点を従属変数とし，基本属性，ネットワーク，知識，満足度・不安感を独立変数として投入する重回帰分析を行った．分析対象は，分析に投入した項目に欠測値が 1 つもない 1,230 人である．分析対象者の基本統計量は，表 4-2 のとおりである．

3.　エイジズムに関連する心理社会的要因

　FSA の合計得点および下位尺度別の得点を従属変数とし，基本属性，ネットワーク，知識，満足度・不安感を独立変数として投入した重回帰分析の結果（標準偏回帰係数（β）および相関係数（r））が，表 4-3 である．

表 4-3　エイジズムに関連する要因（重回帰分析結果）

	合計得点 (14項目)		嫌悪・差別 (6項目)		回避 (5項目)		誹謗 (3項目)	
	β	r	β	r	β	r	β	r
基本属性								
年齢	−.016	−.041	−.024	−.046	−.004	−.038	−.012	−.004
就学年数	−.008	−.064*	.001	−.058*	.001	−.033	−.027	−.071**
従業上の地位（雇用＝ref.）								
自営	−.068*	−.058*	−.077**	−.067**	−.086**	−.086**	.030	.044
無職	−.056	−.018	−.052	−.018	−.056	−.014	−.015	−.009
ネットワーク								
60歳以上の親族数	−.088**	−.136***	−.079**	−.125***	−.096***	−.142***	−.018	−.033
60歳以上の仕事仲間数	−.034	−.074**	−.029	−.067**	−.069*	−.111***	.038	.030
祖父母同居経験（あり＝1）	−.034	−.053*	−.002	.036	−.048	−.076**	.017	.001
知識								
加齢に関する知識	−.168***	−.189***	−.199***	−.216***	−.080**	−.101***	−.119***	−.133***
満足度・不安感								
生活満足度	−.132**	−.165***	−.121***	−.150***	−.116***	−.139***	−.065*	−.092***
老後不安感	.041	.072**	.023	.051*	.020	.053*	.066*	.076**
決定係数（R^2）	.078***		.081***		.059***		.032***	

注：$***p<.001\ **p<.01\ *p<.05$

　「合計得点」を従属変数にした場合，従業上の地位，60 歳以上の親族数，加齢に関する知識，生活満足度が有意な影響をもっていた．具体的には，親しい高齢親族数が少ない者，知識スコアが低い者，生活満足度が低い者ほど，エイジズムが強い傾向が示された．

　「嫌悪・差別」の得点を従属変数にした場合，従業上の地位，60 歳以上の親族数，加齢に関する知識，生活満足度が有意な影響をもっていた．具体的には，親しい高齢親族数が少ない者，知識スコアが低い者，生活満足度が低い者ほど，高齢者に対する嫌悪・差別意識が強い傾向が示された．

　「回避」を従属変数にした場合，従業上の地位，60 歳以上の親族数，60 歳以上の仕事仲間数，加齢に関する知識，生活満足度が有意な影響をもっていた．具体的には，親しい高齢親族数および仕事仲間数が少ない者，知識スコアが低い者，生活満足度が低い者ほど，高齢者との接触を回避する傾向が示された．

　「誹謗」の得点を従属変数にした場合，加齢に関する知識，生活満足度，老後不安感が有意な影響をもっていた．具体的には，知識スコアが低い者，生活満足度が低い者，老後不安感が強い者ほど，否定的な固定観念が強い傾向が示された．

4. 考察——若年者のエイジズムを低減するために

　本分析は，FSA 短縮版を用いて，都市部の若年男性におけるエイジズムに関連する要因を明らかにすることを目的とし，3 つの仮説を検討した．

　第 1 に，「接触頻度」仮説は，「合計得点」「嫌悪・差別」「回避」に対する 60 歳以上の親族数の影響および「回避」に対する 60 歳以上の仕事仲間数の影響が確認され，部分的に支持された．ただし，祖父母との同

居経験の影響は確認されず，同居経験がある者はエイジズムが弱いとい
う仮説は支持されなかった．変数の設定の仕方（同居年数など）を変え
て分析に投入しても，結果に変化はみられなかった．

　このように，もっとも身近な高齢者である祖父母との同居経験の有無
はエイジズムとの関連がみられず，子ども・青年期における祖父母・孫
関係の質が，高齢者に対する態度を肯定的にも否定的にもする可能性が
考えられる（保坂・袖井 1988）．また，パルモアは，加齢に関する知識と
高齢者との接触はほとんど関連がみられず，接触する高齢者のタイプに
よって高齢者に対する態度は肯定的にも否定的にもなる点を指摘してい
る（Palmore 1998）．

　本分析においても，とくに別居親族の親密なネットワーク（intimate
network）の影響が確認され，ネットワークのタイプによってエイジズ
ムに対する影響が異なる点が示唆された．このような留保条件がつくが，
本研究の知見は，集団間の偏見や差別が一定の条件下でお互いの接触機
会を増やせば低減する可能性を示していた．この接触（頻度）仮説がも
つ理論的インプリケーションについては終章で議論する．

　第2に，「知識」仮説は支持された．本分析ではFAQを加齢に関す
る知識の指標として用いたが，学歴の影響を統制した上でも，そのスコ
アが低い者ほどエイジズムが強かった．第3章でも触れたように，この
FAQを用いた日米の比較研究は，米国より日本の青壮年の方が加齢に
関する事実を否定的に理解していることを示していた（前田・サスマン
1980）．本研究でも，FAQの平均正答数は全項目の半分にも満たず，日
本の若年者が適切な加齢に関する知識を身につけているとは言い難い．

　この知見を考慮すると，年をとるということが実際にどういうことな
のかという情報提供および教育を通じて，思いこみによる固定観念が弱
まる可能性があることを示唆している．事実，FSAを用いた介入研究
は，「年齢意識に関するワークショップ」の実施が，高齢者に対する

「誹謗」を弱めるという教育効果を示していた（Stuart-Hamilton & Ma-honey 2003）．つまり，学校・公共施設におけるエイジング教育のプログラム開発などによって，一般住民に高齢者の状況やエイジング・プロセスに関する情報を提供する「啓発的老年学（advocacy gerontology）」の意義が認められる（堀 1999）.[2]

　第3に，「不満・不安」仮説は，生活満足度の影響および「誹謗」に対する老後不安感の影響が確認された．本分析においても，パルモアが指摘しているように（Palmore 1999＝2002），生活における欲求不満がエイジズムに影響することが示された．本調査では，その不満の内実が，給料などの経済的理由なのか，家族や友人などの人間関係上の理由なのか，それとも漠然とした曖昧な不満なのかを確認することはできない．いずれにしろ，欲求不満のはけ口は，自分とはかかわりのない外集団に向けられがちである．レイシズム（人種差別）において白人の欲求不満が黒人に向けられるように，若年者のエイジズムも，自分たちとは異なる年齢集団である高齢者を敵意のスケープゴートに仕立て上げているのかもしれない．この欲求不満とエイジズムの関連は，雇用政策や年金・介護保険といった社会保障をめぐる「世代間対立」の問題につながる知見であろう.[3]

　不安感の影響については，死の不安感と高齢者に対する否定的な態度との関連に関する研究が行われてきたが，その結果は一貫していない（Palmore 1999; Salter & Salter 1976）．本分析では，生活費不足や寝たきりといった老後不安感と「嫌悪・差別」というより強いエイジズムとの関連はみられなかった．しかし「誹謗」という認知成分が老後不安にもとづいている点が示唆された．つまり，先に考察した加齢に関する正しい知識の提供だけでなく，年金・介護保険といった老後の生活保障に関する正確な情報提供も，エイジズムを低減するために必要な方策である．

　最後に，本分析の限界および今後の課題を述べておく．第1に，本調

査は，都市部の若年男性を対象としたため，就業にともなう一時不在・
長期不在による調査不能者が増え，回収率が43.0%にとどまった．調
査不能者が増えると，独立変数の分散が小さくなり，結果として仮説が
支持されなくなる可能性が高まる．しかし，本分析の場合，仮説はほぼ
支持されており，その影響はほとんどなかったと考える．今後は，都市
部の若年男性だけでなく，女性や農村・地方都市住民のサンプルを含め
た研究が求められる．第3章で概観したように，本分析以外にもFSA
短縮版を用いた調査が着手されつつあるが，SD法を用いた老人イメー
ジに関する研究と同様に，児童，高校・大学生，中高年といった異なる
世代ごとの調査を実施することにより，エイジズムの性差や年齢（世
代）差を検討する必要がある（Rupp 2005; Kalavar 2001）．

　第2に，重回帰分析の決定係数が小さかった点を考慮すると，エイジ
ズムの個人的要因として，今回取り上げなかったパーソナリティ変数
（権威主義的パーソナリティなど）が考えられる（Palmore 1999＝2002）[4]．ま
た，生活満足度の影響が支持された「不満・不安」仮説について，日常
生活におけるどのような欲求不満（領域別生活満足度）がエイジズムに影
響しているのか，そのメカニズムを詳細に検討していく必要がある．こ
うした実証研究の積み重ねにもとづいて，先に述べた「啓発的老年学」
の展開が検討されるべきであろう．

注
1　筆者は，ネットワークと家族意識に関して，東京版総合社会調査（TGSS）
　　データを用いて，親しい近距離親族数が多い者ほど伝統的家族規範（墓の継
　　承，家・土地の継承，長男同居など）が強く，非通念的な結婚観（子どもな
　　し夫婦，非婚）に対する許容度が低い点を明らかにした．地域親族集団への
　　埋め込みが，伝統的規範を強化・再生産するのに対し，そこから地理的に離
　　れることが，束縛的な親族関係の「磁場」からの解放につながる．そのため，
　　村落の親族関係は規範的であるのに対し，大都市の親族関係は選択的になる
　　と考えられる（原田 2002）．
2　堀（1999）は，啓発的老年学の具体的内容として，学校教育における高齢

者問題のプログラム開発，マスメディアを通しての高齢者に対するステレオ
タイプの是正，家族員に対する高齢者問題に関する情報提供などを挙げてい
る.

3　杉原ほか（2003）は，本章で用いた「エイジズム調査」のデータ分析の結
果，エイジズムの強さや加齢に関する知識の乏しさが，年金・介護保険料の
支払いといった世代間扶養に対する否定的な意識に関連していることを明ら
かにしている.

4　権威主義とは「人間や社会事象を，それ自体の固有価値によってではなく，
力や権威を基準とした上下関係のなかでとらえ意味づける態度」のことであ
り，権威主義パーソナリティとは，これに適合的なパーソナリティの型のこ
とをさす（宮島編　2003; Adorno et al. 1950）. パルモアは，権威主義パー
ソナリティとエイジズムの関連は十分に検証されていないが，レイシズム
（人種差別）の個人的要因と同じパーソナリティ特性がエイジズムの一因に
なっていることを示唆していると述べている（Palmore 1999＝2002）.

職場と地域における世代間関係と幸福感

　第Ⅲ部では，職場と地域における世代間間関係の実態をとらえた上で，職場におけるエイジズムや，高齢者の地域貢献が，満足度やメンタルヘルスといった主観的幸福感にどのような影響を及ぼしているのかを，「世代間関係調査」と「東京中高年者調査」を用いて実証していく．

　これまで，若年者による高齢者に対する否定的態度としてのエイジズムに着目してきた．しかし限られた資源やポストをめぐるコンフリクトが異なる世代への否定的態度を生み出すと考えると，エイジズムは，若年者による高齢者に対する否定的態度だけでなく，高齢者による若年者に対する否定的態度（＝もうひとつのエイジズム）としてもとらえられるはずである．職場や地域において，高齢者は若年者をどうみているのだろうか．

　そして，職場でのエイジズム，若年世代へのサポート提供，若年世代との否定的相互作用といった世代間関係は，高齢就業者の幸福感にどのような影響を及ぼしているのだろうか．職場における世代間関係がメンタルヘルスに及ぼす影響を，職場満足度を媒介変数として検証していく．

　さらに，地域でボランティア活動をしている高齢者，つまりプロダクティブ・エイジングを体現している高齢者は，実際に生活満足度が高いのだろうか．また，日常生活動作障害などで生活範囲が狭まる高齢者にとって，地域環境の質が生活満足度にどのような影響を及ぼしているのかを検証していく．

第5章 高齢者は若年者をどうみているのか？
——「もうひとつのエイジズム」の検証

1. 割を食っているのは若年者ではないのか？

バトラーは，エイジズムを「高齢であることを理由とする，人びとに対する系統的なステレオタイプ化と差別のプロセス」と定義した（Butler 1969, 1995）．それ以降，半世紀間にわたって，若年者による高齢者に対する否定的態度としてのエイジズム研究が数多く展開されてきた．一方，パルモアは，エイジズムを「ある年齢集団に対する否定的もしくは肯定的なあらゆる偏見と差別」と定義している（Palmore 1999＝2002）．

またダンカンは，職場におけるエイジズムに関して「年齢の偏見は，単一の，明確に定義された抑圧されたグループがないという点において他の差別の諸形態とは異なる」と述べ，誰もが年齢差別を受ける可能性がある点を指摘している（Duncan 2003）．本章では，エイジズムという概念規定には，「若年者による高齢者に対する偏見や差別のみならず，高齢者による若年者に対する偏見や差別も含まれる」と考える．

第Ⅱ部で詳述した通り，日本においても，高齢者に対する否定的態度としてのエイジズム研究は，その測定尺度の開発や，関連要因の検討などによって蓄積されてきた．具体的には，児童の老人観に関する研究やSD法による老人イメージに関する研究は，（必ずしも祖父母ではない）高齢者との交流が肯定的な老人観につながることを示唆していた（中谷1991；保坂・袖井 1988）．パルモアのFAQ（Facts on Aging Quiz）を用いた研究は，敬老精神が高いと思われていた日本の青壮年者も正しい加齢

に関する知識を持ち合わせていないことを示した（Koyano et al. 1987）．近年では，FSA短縮版を用いた研究は，加齢に関する知識の低さや生活満足度の低さが高齢者に対する偏見や差別に関連していることを指摘した（第4章参照）．こうしたエイジズムに関する研究蓄積の背景として，地域や職場において高齢者のプロダクティビティを活かした諸活動を推進するためには，根拠のないステレオタイプや偏見を克服する必要があったともいえるだろう．

　しかし，現実の社会保障や雇用の問題においては，限られた資源やポストをめぐって，世代間コンフリクト（葛藤）が生じている．こうしたコンフリクトが，異なる世代への否定的な態度を生み出すと考えると，エイジズムは，若年者による高齢者に対する否定的態度だけでなく，高齢者による若年者に対する否定的態度としてもとらえられるはずである．この「もうひとつのエイジズム」と呼ぶべき側面に着目した国内の研究は，非常に乏しい．海外に目を向けても，エイジズムという視点から若年者に対する否定的態度について検討した研究は，高齢者に対する否定的態度の研究に比べて非常に少ない（North & Fiske 2012）．また標準的に利用可能な尺度は見当たらない．

　先行研究としては，年齢ステレオタイプの分析や（Hummert 1990），職場における若年者に対する昇進や賃金差別に関する分析などが散見される程度である（Loretto et al. 2000; Duncan & Loretto 2004）．しかし若年就業者の方が高齢就業者よりも年齢差別を経験しているという報告がオーストラリアやイギリスで出始めていることをふまえると（Taylor & Smith 2017; Sweiry & Willitts 2012），こうした視点からの調査が不足している日本においても，若年者に対する否定的態度に関する研究は今後その重要性を増すと考えられる．

　そこで本分析は，高齢者の若年者に対する否定的態度に関連する心理社会的要因を検討することを目的とした．近年の老年学においても，

「地域」の幼老複合施設における世代間交流の可能性や（村山ほか 2017），「職場」における若年者と高齢者の競合関係と協働の可能性が議論されている（太田 2017）．とくに職場では，継続雇用後の給与減額や上司・部下関係の逆転現象などが増えており，今後，高齢者の若年者に対する否定的態度が強まっていくかもしれない．70歳までの雇用継続が求められつつある企業にとって，こうした否定的態度の高まりは，組織コミットメントや職場における幸福感に悪影響を及ぼす可能性があるため，高齢就業者の心理に配慮した人的資源管理システムの構築が今後ますます重要な課題になるだろう．

　このような状況をふまえて，本分析では，親子関係といった「家庭」内の世代間関係ではなく，「地域」と「職場」における世代間関係に焦点をあてる．上述した国内外の地域と職場におけるエイジズムに関する先行研究や，高齢者の若年者に対する支援的行動に関する知見をふまえて，本分析は以下の仮説を設定した．具体的には，地域高齢者全体を対象とした分析（仮説 1a，仮説 2a，仮説 3）と高齢就業者のみを対象とした分析（仮説 1b，仮説 2b，仮説 4）を実施した．

　第一の仮説は，日頃から若年者と関わりがない高齢者ほど，若年者に対する否定的態度を示すという「接触頻度」仮説である（Allport 1954＝1961; Hale 1998）．これは，集団間の偏見や差別はお互いの接触機会を増やせば低減するという考え方にもとづく．ただし，集団間の接触が逆に集団間葛藤を増幅させることもあり，接触が偏見や差別の低減といった望ましい効果をもつためには，社会的・制度的支持，地位の対等性や共通目標の追求といった条件が必要とされる（Brown 1995＝1999）．

　第4章で確認したように，60歳以上の仕事仲間数が少ない若年者ほど高齢者との接触を回避する傾向や，大学生の老人イメージの関連要因として，祖父母以外の高齢者との接触が基本属性よりも重要であるとい

う知見が報告されてきたが（保坂・袖井 1988），接触に関する知見は必ずしも一貫していない．そこで本分析では「地域や職場での若年者との接触頻度」と若年者への否定的態度との関連を検討する．高齢者にとって，地域における若年者との交流はある程度選択的な関係だと考えらえるが，職場においては若年者との交流が避けられない場合も多いだろう．本分析では，こうした世代間交流の必然性が異なる地域と職場において，接触の効果が異なるのか否かを確認する．

　　仮説1a：地域での若年者との接触頻度が低い高齢者ほど，若年者に
　　　　　　対する否定的態度を示す．
　　仮説1b：職場での若年者との接触頻度が低い高齢就業者ほど，若年
　　　　　　者に対する否定的態度を示す．

　第二の仮説は，地域や職場における不満が，若年者に対する否定的態度につながるという「不満」仮説である．パルモアは，エイジズムの個人的原因のひとつとして「フラストレーション‐攻撃理論」を挙げている（Palmore 1999＝2002）．この仮説は，欲求不満が強まるにつれて個人のなかの敵対的衝動が高まるという考え方にもとづき，高齢者に対する偏見は，欲求不満の産物であると捉える（Dollard et al. 1939; Simpson & Yinger 1985）．多くの場合，欲求不満の原因に敵対心を直接ぶつけることはできず，その矛先は何ら関わりのないマイノリティ集団に向けられがちである．

　実際に，第4章で確認したように，生活満足度が低い若年者ほどエイジズムが強く，日常生活における欲求不満がエイジズムに影響することが示されている．本分析でも，こうした異なる世代に対する否定的な態度につながる心理的要因に着目した．

仮説 2a：全般的な生活満足度が低い高齢者ほど，若年者に対する否定的態度を示す．

仮説 2b：職場満足度が低い高齢就業者ほど，若年者に対する否定的態度を示す．

　第三の仮説は，次世代を担う若年者への関心が低い高齢者ほど，若年者に対する否定的態度を示すという「世代継承性（generativity）」仮説である[2]．世代継承性とは，世代（generation）と創造性（creativity）を組み合わせたエリク・エリクソンによる造語であり，「新しい存在や新しい製作物や新しい観念を生み出すこと」として定義され，次世代を育むという世代間継承にかかわる概念である（Erikson & Erikson 1997＝2001）．岡本祐子の整理によれば，世代継承性とは，「次世代の創生とケアを意味し，①次世代を生み出すことと育てること，次世代の成長に深い関心を注ぎ，関与すること，②ものを生み出すこと・創造すること，③他者を支えることなどが包含される」（岡本 2018）．また「次世代の育成というと，子どもを生み育てることをイメージする場合が多いが，それだけでなく，たとえば職業を通じて社会に貢献し，次の世代を育てること，組織や社会そのものを発展させることをも含む非常に広く深い概念である」とされる．

　近年では，この世代継承性は，中年期のみならず高齢期においても重要な発達課題とされ（Cheng 2009），その測定尺度の開発とともに，地域での子育て支援といった次世代に対する利他的行動意欲との関連についての研究が蓄積されている（田渕・権藤 2011；小林ほか 2016）[3]．本分析でも，地域における世代間交流の鍵概念である世代継承性と若年者に対する否定的態度の関連について検討する．

　仮説 3：次世代への関心が低い高齢者ほど，若年者に対する否定的態

度を示す.

　第四の仮説は，年齢を理由にした左遷や年長の者の意見や考えが無視
されがちであるといった職場におけるエイジズムが，若年者に対する否
定的態度につながるという「エイジズム経験」仮説である.

　海外では，職場におけるエイジズムが，高齢就業者の心理的幸福感や
職場満足度に悪影響を及ぼす知見が蓄積されてきた（Hassell & Per-
rewe 1993; Redman & Snape 2006）．しかし，このような職場におけるエ
イジズムを経験した高齢就業者が，翻って若年者に対してどのような態
度をもつようになるのかについては不明である．本分析ではこの関連に
ついても検討する.

　　仮説 4：職場でのエイジズムを経験している高齢就業者ほど，若年者
　　　　　　に対する否定的態度を示す.

2.　方法

1)　方法

　本章の分析は「世代間関係調査」のデータを用いた（調査方法の詳細に
ついては序章の第 5 節「本書で用いるデータ」を参照）.

2)　変数

(1)　従属変数
　若年者に対する否定的態度の尺度は，FSA 短縮版の作成で使用され
た項目群を参照した（第 3 章参照）．FSA 短縮版は，「嫌悪・差別」「回
避」「誹謗」の 3 つの下位因子で構成される．この「嫌悪・差別」因子

表5-1　「若年者に対する否定的態度」の項目

項目
1　最近の若い人は，昔の若い人に比べて，努力や忍耐力が足りない
2　若い親には，子どものしつけがきちんとできない人が多い
3　若い人のふるまいには，感心させられることが多い（逆転項目）
4　できれば若い人といっしょに住みたくない
5　若い人は，不平が多い
6　若い人が就職できなかったり，すぐに仕事を辞めたりするのは，本人に問題があるからだ
7　若い人と会うと，ときどき目を合わせないようにしてしまう
8　若い人が話しかけてきても，私は話をしたくない
9　個人的には，若い人とは長い時間をすごしたくない

注：「非常にそう思う」「まあそう思う」「どちらともいえない」「あまりそう思わない」「全くそう思わない」の5件法で測定．項目3と4は，最終的に採用した尺度からは削除．

に含まれる2項目（「高齢者が私に話しかけてきても，私は話をしたくない」「高齢者と会うと，時々目を合わせないようにしてしまう」）と，「回避」因子に含まれる2項目（「高齢者とは長い時間を過ごしたくない」「できれば高齢者と一緒に住みたくない」）と，「誹謗」因子に含まれる1項目（「高齢者は不平が多い」）を選び，「高齢者」というワーディングを「若い人」に入れ替えて使用した．

　さらに「誹謗」に関する項目は，予備調査（大学生117人を対象とした質問紙調査，20〜50代の登録モニター300人を対象としたインターネット調査）で，若年者への偏見・ステレオタイプとして挙げられた自由記述の内容を参照して作成した．具体的には，「最近の若い人は昔の若い人に比べて努力や忍耐力が足りない」「若い親には子どものしつけがきちんとできない人が多い」「若い人のふるまいには，感心させられることが多い（逆転項目）」「若い人が就職できなかったり，すぐに仕事を辞めたりするのは本人に問題があるからだ」の4項目である．この計9項目について（表5-1），「非常にそう思う」から「全くそう思わない」の5件法で回答を得て，それぞれ5点から1点を配点した．

(2)　独立変数

　地域での若年者（20～40代くらいの人）との接触頻度は，「ご近所づき
あいや，地域活動・趣味活動の中で，あなたは，次のような年齢層の方
と会話をする機会が，どのくらいありますか」という質問に対して，
「よくある」から「全くない」の4件法で回答を得た．それぞれの選択
肢に3点から0点を配点して得点化した．

　生活満足度は，「全体として，ご自分の生活にどれくらい満足してい
ますか」という質問に対して，「非常に満足している」から「全く満足
していない」の5件法で回答を得た．それぞれの選択肢に5点から1点
を配点して得点化した．

　世代継承性は，短縮版 Generativity 尺度を用いた（田渕ほか 2012）．
「自分の経験や知識を人に伝えようとしている」などの5項目について，
「非常に当てはまる」から「全くあてはまらない」の5件法で回答を得
た．それぞれの選択肢に4点から0点を配点し単純加算して得点化した
（α係数＝.73）．

　職場での若年者との接触頻度は，「同じ職場の同僚または部下・上司
で20～40代くらいの人」と「同じ職場以外の仕事関係の人で，20～40
代くらいの人」と会話をする機会について，「よくある」から「全くな
い」の4件法で回答を得た．それぞれの選択肢に3点から0点を配点し
単純加算して得点化した（α係数＝.69）．

　職場満足度は「全般的にいって，自分の職場にどれくらい満足してい
ますか」という質問に対して，「非常に満足している」から「全く満足
していない」の5件法で回答を得た．それぞれの選択肢に5点から1点
を配点して得点化した．

　職場でのエイジズム経験は，「ある年齢になると，左遷させられる」
「年長の人の意見や考えが無視されがちである」「職場には，60歳より
も前に退職すべきだという雰囲気がある」3項目について，「非常に当

てはまる」から「全くあてはまらない」の5件法で回答を得た.それぞれの選択肢に4点から0点を配点し単純加算して得点化した(α係数＝.82).

統制変数として,年齢,性,学歴(教育年数),子どもの有無を用いた.

3) 分析方法

(1) 若年者に対する否定的態度に関する尺度

まず予備的な分析として,探索的因子分析(最尤法)をおこない,固有値1以上を基準に因子数を決定し,プロマックス法による斜交回転を行った.その結果,十分な因子負荷量(.4)が得られなかった項目を削除した.続いて,1つの2次潜在変数と複数の1次潜在変数から構成されるモデルを構築し,確認的因子分析を行った.この分析は,投入した項目に欠測値がひとつもない797人を対象とし,IBM SPSS Amos 25を用いて,最尤法よる解を求めた.

(2) 要因分析

若年者に対する否定的態度に関連する要因分析は,尺度の合計得点と下位次元別の得点を従属変数とし,地域での若年者との接触頻度,生活満足度,世代継承性を独立変数とする重回帰分析で検討した.続いて現在就業中の者のみを分析対象とし,職場での若年者との接触頻度,職場満足度,職場でのエイジズム経験を独立変数とする重回帰分析を検討した.この分析は,投入した項目に欠測値がひとつもない711人(対象者全体の分析)と339人(就業者のみの分析)を対象とした.対象者全体と就業者のみの基本統計量は,表5-2のとおりである.

表 5-2　分析対象者の特性

	対象者全体 （n＝711）	就業者 （n＝339）
年齢	64.60±2.76	63.95±2.74
性別（男性）	45.3%	56.6%
学歴（教育年数）	12.91±2.17	13.06±2.20
子ども有無（あり）	86.2%	87.6%
地域での若年者との接触頻度	1.49±.90	——
生活満足度	3.68±.90	——
世代性	9.63±3.44	——
職場での若年者との接触頻度	——	1.89±.92
職場満足度	——	3.68±.96
職場でのエイジズム経験	——	1.83±2.29

注：平均値 ± 標準偏差または割合（％）を表示.

3.　若年者に対する否定的態度に関連する要因

1)　確認的因子分析

　探索的因子分析の結果，固有値が1をこえる2因子が抽出された．第1因子は，項目7，8，9に高い因子負荷をもっており，第2因子は，項目1，2，5，6に高い因子負荷をもっていた．十分な因子負荷量（.4）が得られなかった項目3と項目4は，削除された．項目4（「できれば若い人といっしょに住みたくない」）の削除に伴い，FSA短縮版の3因子構造のうち「回避」に属する項目が，項目9（「個人的には，若い人とは長い時間をすごしたくない」）だけになった．そのため本分析では，若年者に対する否定的な感情を示す「嫌悪・回避」因子（項目7，8，9）と否定的な認知を示す「誹謗」因子（項目1，2，5，6）という2つの1次の潜在変数と「若年者への否定的態度」という2次の潜在変数から構成されるモデルを構築した．

　このモデルを図5-1のように，確認的因子分析によって検証した結果，

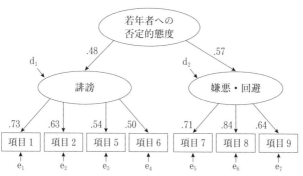

$\chi^2 = 56.7$, $df = 13$, $p < .001$, GFI $= .980$, AGFI $= .957$, CFI $= .965$, RMSEA $= .065$
注：$n = 797$

図5-1　確認的因子分析結果（標準化推定値とモデル適合度）

表5-3　「若年者への否定的態度」尺度の得点分布と信頼性

	平均値	標準偏差	Chronbach の α 係数
嫌悪・回避（3項目）	2.70	1.98	.76
誹謗（4項目）	8.98	2.55	.69
合計得点（9項目）	11.68	3.59	.71

一定の適合度が得られた．7項目の合計得点と下位尺度別の得点分布と α 係数は表5-3の通りであり，本尺度は一定の内的整合性があると判断される．

2）　要因分析の結果

若年者に対する否定的態度の合計得点と下位尺度別の得点を従属変数とした重回帰分析の結果が表5-4である．「合計得点」を従属変数にした結果，地域での若年者との接触頻度が低い者ほど，若年者に対して否定的な態度を示した．「嫌悪・回避」の得点を従属変数にした結果，地域での若年者との接触頻度が低い者，世代継承性の得点が低い者ほど，若年者を嫌悪・回避していた．「誹謗」の得点を従属変数にした結果，世代継承性の得点が高い者ほど，若年者を誹謗していた．

表5-4　若年者に対する否定的態度に関連する要因（対象者全体の重回帰分析結果）

	合計得点（7項目）		嫌悪・回避（3項目）		誹謗（4項目）	
	β	r	β	r	β	r
年齢	.038	.032	−.007	−.024	.059	.064*
性別（男性＝1）	.189***	.177***	.199***	.198***	.111**	.096**
学歴（教育年数）	−.167***	−.149***	−.108**	−.102**	−.151***	−.131***
子ども有無（あり＝1）	−.005	−.057	.012	−.053	−.017	−.039
地域での若年者との接触頻度	−.171***	−.195***	−.224***	−.286***	−.067	−.052
生活満足度	−.062	−.143***	−.056	−.166***	−.044	−.073*
世代性	−.020	−.107**	−.146***	−.235***	.086*	.032
決定係数（R^2）	.104***		.157***		.044***	

注：＊＊＊$p<.001$ ＊＊$p<.01$ ＊$p<.05$　$n=711$

表5-5　若年者に対する否定的態度に関連する要因（就業者のみの重回帰分析結果）

	合計得点（7項目）		嫌悪・回避（3項目）		誹謗（4項目）	
	β	r	β	r	β	r
年齢	−.037	−.024	−.059	−.038	−.005	−.003
性別（男性＝1）	.205***	.170***	.231***	.194***	.098	.080
学歴（教育年数）	−.131*	−.116*	−.071	−.056	−.124*	−.115*
子ども有無（あり＝1）	−.067	−.120*	.010	−.045	−.101	−.129**
職場での若年者との接触頻度	−.118*	−.119*	−.162**	−.165**	−.034	−.033
職場満足度	−.053	−.148**	−.119*	−.177***	.022	−.063
職場でのエイジズム経験	.133*	.162**	.056	.100*	.139*	.144**
決定係数（R^2）	.102***		.104***		.055***	

注：＊＊＊$p<.001$ ＊＊$p<.01$ ＊$p<.05$　$n=339$

　続いて就業者のみを分析対象にした重回帰分析の結果が表5-5である．「合計得点」を従属変数にした結果，職場での若年者との接触頻度が低い者，職場でエイジズムを経験している者ほど，若年者に対して否定的な態度を示した．「嫌悪・回避」の得点を従属変数にした結果，職場での若年者との接触頻度が低い者，職場満足度が低い者ほど，若年者を嫌悪・回避していた．「誹謗」の得点を従属変数にした結果，職場でエイジズムを経験している者ほど，若年者を誹謗していた．

4.　考察——世代間における年齢差別の悪循環

　海外に目を向けてもエイジズムという観点から若年者に対する態度を測定し，その関連要因を分析した研究は乏しい（North & Fiske 2012）．そこで本分析は，まず若年者への否定的態度を測定する尺度の検討を行った．本調査では，高齢者に対するエイジズムを測定するFSA短縮版の３因子構造を参照して項目群を作成したが，分析の結果，若年者に対する否定的な感情成分を示す「嫌悪・回避」と認知成分を示す「誹謗」の２因子から構成されるモデルが採用された．

　FSA短縮版では，「嫌悪・差別」因子は，高齢者の隔離・排除を支持する項目を含むもっとも極端なエイジズムの感情成分を示す概念として位置づけられ，「回避」因子はできるだけ高齢者との交流を避けて距離を取りたい感情成分を示す概念として位置づけられていた．本分析において，この２つの因子が「嫌悪・回避」という１つの因子になった理由として，そもそも２つの因子に所属すると想定して調査に用いた項目数が少なかった点，若年者の活動への介入といったより強い偏見を反映した項目を含めなかった点，「高齢者の若年者への否定的な感情」は「若年者の高齢者への否定的な感情」に比べて低い可能性などが考えられる．この「嫌悪・回避」と「誹謗」の２因子から構成される７項目の「若年者に対する否定的態度」尺度は，確認的因子分析における適合度指標は十分な大きさを示しており，α 係数の値をみても一定の信頼性を有していた．

　続いて要因分析の知見をまとめると，第一に，若年者との接触頻度が低い高齢者ほど，若年者に対する否定的態度を示すという「接触頻度」仮説は，対象者全体の分析と就業者のみの分析いずれにおいても，「合計得点」と「嫌悪・回避」を従属変数とした場合において支持された

（仮説 1a，1b）．

　若年者の高齢者に対するエイジズムに関する分析では，仕事仲間など日頃から親しくしている高齢者が少ない若年者ほど，高齢者を回避する傾向が見られた（第 4 章参照）．本分析の結果は，この知見と整合的である．つまり，異なる世代の者との会話といった接触頻度は，異なる世代へのステレオタイプ的な誹謗といった認知成分ではなく，できるだけ異なる世代との交流を避けたいという感情成分と関連することを示唆している．本研究の知見は，職場における世代間の偏見や差別が，一定の条件下でお互いの接触機会を増やせば低減する可能性を示していた．この接触（頻度）仮説がもつ，エイジフリーな職場づくりにかかわる理論的・政策的インプリケーションについては終章で詳述したい．

　第二に，満足度が低い高齢者ほど，若年者に対する否定的態度を示すという「不満」仮説は，高齢者全体の分析では支持されなかった（仮説 2a）．支持されたのは，就業者の「嫌悪・回避」を従属変数とした場合のみであった（仮説 2b）．

　若年者の高齢者に対するエイジズムに関する分析では，若年者の日常的な不満が高齢者に対する否定的態度につながっている可能性が指摘されていた（第 4 章参照）．しかし本分析では，高齢者の生活満足度は，若年者に対する否定的態度と関連していなかった．ただし，職場満足度が低い高齢就業者ほど若年者を嫌悪し回避する傾向にあったので，職場では，世代間コンフリクトが互いの世代に対する否定的態度という形で顕在化している点が示唆された．

　第三に，次世代への関心が低い高齢者ほど，若年者に対する否定的態度を示すという「世代継承性仮説」は，従属変数によって相反する結果が得られた（仮説 3）．たしかに世代継承性の得点が低い者ほど若年者を嫌悪・回避する傾向がみられた．しかし，若年者を誹謗する傾向は，世代継承性の得点が高い者ほどみられたのである．

　国内の世代継承性に関する先行研究によれば，世代継承性の得点が低い高齢者ほど，地域での子育て支援といった次世代に対する利他的行動意欲が低いことが示されている（田渕・権藤 2011；小林ほか 2016）．この知見もふまえると，次世代への関心が低い高齢者は，若年者に対する行動意欲が低いだけでなく，できるだけ交流を避けたいという感情を抱いていることを示している．

　一方，次世代への関心が高い高齢者は，こうした交流を避けたいという感情は低いが，「最近の若い人は努力や忍耐が足りない」といった否定的な認知を示していた．この世代継承性と否定的な認知をつなぐメカニズムについてはさらなる検討が必要であるが，高齢者の世代継承性は，若年者からの肯定的なフィードバックがなければ継続的に発達しないことが指摘されている（Tabuchi et al. 2015）．つまり地域で高齢者が若年者に対する援助をしても，受け手である若年者から感謝といった肯定的な反応がなく，逆にやんわりとした拒否といった否定的な反応が返ってきた場合，高齢者の世代継承性は低下してしまう可能性もある．

　こうした観点もふまえて整理すると，本研究の知見は「自分の経験や知識を次世代の人に伝えたいが，最近の若年者は物足りない」という高齢者の若年者に対するアンビバレント（ambivalent）な態度として，あるいは未熟な若年者を年長者が導くべきであるという信念（たとえば「子どものしつけ方は年輩者がきちんと教えるべき」）として解釈できる．

　第四に，職場でのエイジズムを経験している高齢就業者ほど，若年者に対する否定的態度を示すという「エイジズム経験」仮説は，「合計得点」と「誹謗」を従属変数とした場合において支持された（仮説4）．

　これまでの職場におけるエイジズム研究は，年齢差別的な経験をした高齢者ほど仕事満足度が低いことを示してきた（Hassell & Perrewe 1993; Redman & Snape 2006）．本分析の知見は，職場におけるエイジズムが，高齢者本人の満足度だけでなく，若年者に対する否定的な認知にも関連

することを示していた．このように，年齢による左遷や年長者の意見の軽視といった差別的な経験をした高齢者が[4]，若年者に対する否定的な態度を示すことは，ひいては若年者の高齢者に対する否定的な態度を強化するといった悪循環をもたらす可能性もあるだろう．今日の職場において，若年就業者と高齢就業者お互いの長所をいかした「補完」的な関係性をめざすのか，それともお互いを切り離す「分離」的な関係性をめざすのかという「年齢マネジメント（age management）」に関する議論は終章でおこなう．

　最後に，本分析の限界と今後の課題について述べたい．第一は，本分析で検証した仮説の因果関係（の方向性）である．たとえば分析結果では「接触頻度が低い者ほど，若年者を嫌悪・回避する」傾向が確認されたが，「もともと若年者を嫌悪・回避する性向をもつ者が，接触頻度を低下させている」という解釈も成り立つ．

　第二に，本調査の対象者は 60 歳代に限定されていた．70 歳代や 80 歳代も分析対象に含めた場合に，本分析の知見と同様の結果が得られるか否かは追試が必要である．

　第三は，若年者に対する否定的態度の尺度についてである．本分析で用いた簡便な尺度も，一定の有用性が確認されたが，異なる年齢層を含めた標本を用いて，本尺度の信頼性・妥当性を再検証していく必要がある．さらに，職場に特化した若年者に対する否定的認知・偏見・差別を測定する尺度開発も求められる．

注
1　たとえばオーストラリアの調査結果は，高齢者における年齢差別の認知が低減していること，そして 15〜24 歳の若年者の方が 55〜64 歳の中高年者よりも年齢差別を経験していることを報告している（Taylor & Smith 2017）.
2　この概念（generativity）には，ジェネラティビティ，世代性などの訳語があてられることもあるが，本稿では「世代継承性」で統一した．
3　小林江里香ほか（2016）は，本章で用いた「世代間関係調査」データ分析

の結果，世代継承性の得点が高い者ほど，「子どもの安全・健全な成長」「親への手段的サポート」「親への情緒的サポート」の3因子から構成される「地域の子育て支援行動尺度」の得点が高いことを報告している.

4　OECD の報告書では，日本の高齢就業者において頻繁に職務の変更が起きているという事実が，国際的にみて極めて珍しいこととして記載されている. さらに「初歩的な職種（elementary occupations）」といった生産性の低い仕事に過度に従事している点や，若い同僚を指導・監督するといったスキルは継続雇用者においては活用される機会が少なくなる点などが指摘されている（OECD 2018＝2020）.

第6章　職場でのエイジズムは幸福感を低下させるのか？

——世代間関係，職場満足度とメンタルヘルス

1. 職場における世代間関係，職場満足度とメンタルヘルス

1) 研究の背景

　第1章で述べたように，幸福な老いとは何かという老年学の根本問題をめぐって，主観的幸福感の測定およびその関連要因の検討が蓄積されてきた（古谷野 2008；原田 2017）．主観的幸福感は，生活全体もしくは領域別の満足度や，肯定的—否定的な感情の次元として捉えられてきた多義的な概念である．操作的には，満足度が高いことや否定的／不快な感情が低いことを幸福感が高い状態とみなしてきた．実際に，抑うつ傾向といったメンタルヘルスが，主観的幸福感と置き換え可能な結果変数として，実証研究では用いられてきた（古谷野 2008）．

　ただし，高齢者の社会関係をめぐる議論では，こうした主観的幸福感の指標の違いによって，その関連要因が異なる点が指摘されている（小林ほか 2014）．さらに高齢者のモラールや生活全般の満足度に関する研究に比べて，職場や地域といった領域別の満足度に関する研究は，日本の老年学において意外なほどに乏しい[1]．

　高齢者の職場満足度に関する研究は，政策的な観点からも，70歳までの雇用継続が模索されている日本において重要だと考える．とりわけ定年延長や継続雇用制度の対象になる「60歳代の高齢就業者」の現状把握が必要である．こうした高齢者雇用の推進に伴い，職場における世

113

代間関係が重要な論点になりつつある．具体的には「高齢者雇用の推進
が若年者の雇用問題を悪化させるのではないか」という労働市場におけ
る世代間の競合関係や，世代の異なる労働者の企業内における協働関係
のあり方が議論されている（太田 2017）．

　職場における世代間関係をとらえる分析視角として，まず「エイジズ
ム」が挙げられる．具体的には，職場におけるエイジズムが，高齢就業
者の満足度を低下させ，ひいては就業継続の阻害要因になる可能性があ
る．さらに社会関係と主観的幸福感に関する研究蓄積をふまえると，世
代間関係をとらえる分析視角として，社会関係の肯定的な機能に焦点を
あてた「社会的サポート」と，否定的な機能に焦点をあてた「否定的相
互作用（negative interactions）」が挙げられる（原田 2017; Lincoln 2000）[2]．
具体的には，社会的サポートの受領者ではなく提供者であることや（金
ほか 1999），否定的相互作用が，高齢者の職場満足度やメンタルヘルス
に影響すると考えられる（福川 2007; Harada et al. 2018; Okabayashi et
al. 2004）．しかし日本の職場において，どのような世代間関係が，高齢
就業者の職場満足度やメンタルヘルスを左右しているのかに焦点をあて
た研究は乏しい[3]．

　そこで本分析は，職場における世代間関係（職場でのエイジズム，職場
サポート提供，職場での否定的相互作用）がメンタルヘルスに及ぼす影響を，
職場満足度を媒介変数として検討することを目的とした．

2）　先行研究と概念モデル

　職場におけるエイジズムとメンタルヘルスに関する先行研究は，海外
においても，レイシズム（人種差別）やセクシズム（性差別）との関連を
検討した研究に比べると少ない（Redman & Snape 2006; Vogt Yuan 2007）．
たとえば，MIDUS（Midlife Development in the United States）を用いた
研究では，エイジズムを経験している者ほど，抑うつ傾向が高いことを

指摘されている（Vogt Yuan 2007）．職場満足度（workplace satisfaction）
や，仕事内容・給料・労働時間なども含めた仕事満足度（job satisfac-
tion）に関して，欧米の高齢就業者を対象とした調査結果によると，職
場でエイジズムを経験している者ほど，満足度が低いことが示されてい
る（Redman & Snape 2006; Hassell & Perrewe 1993; Macdonald &
Levy 2016; Taylor et al. 2013）．近年，日本においても，エイジズムを経
験している中高年男性ほど仕事満足度が低いという知見が報告されてい
る（Harada et al. 2019）．

　職場におけるサポートの提供（と受領の互酬性など）を視野に入れた研
究は，海外においても少ない（Nahum-Shani et al. 2011; Väänänen et
al. 2005）．一方で，職場における否定的相互作用が（その測定方法はまち
まちであるが），就業者の職場満足度やメンタルヘルスに悪影響を及ぼす
という研究が蓄積されつつある（Dimotakis et al. 2011; Morrison 2008）．

　このように職場満足度とメンタルヘルスは，並列的なアウトカム指標
として位置づけられることが多い．しかし海外では，この20年余りで，
職場／仕事満足度がメンタルヘルスに及ぼす影響に関する研究が，労働
衛生や組織心理学の領域だけでなく，労働生産性や引退過程にも関連す
る論点として経済学の領域でも重要になっている（Fischer & Sousa-Po-
za 2009）．たとえば，500近くの論文をメタ分析した結果は，仕事満足
度が，身体的健康よりもメンタルヘルス（バーンアウトや抑うつなど）と
強く関連していることを明らかにしている（Faragher et al. 2005）．

　本分析は，以上の研究動向をふまえて，図 6-1 の概念モデルにもとづ
いて分析を進める．具体的には，職場における世代間関係（職場でのエ
イジズム，職場サポート提供，職場での否定的相互作用）がメンタルヘルス
に及ぼす総合効果を，直接効果（パス a）と職場満足度によって媒介さ
れた間接効果（パス b× パス c）に分けて検討することによって明らかに
する．本稿は，日本の老年学が培ってきたエイジズム研究や，社会関係

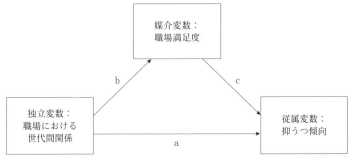

注：パス a は直接効果，パス b× パス c は間接効果を示す．両者の合計を総合効果
　　とみなす．

図6-1　本分析の概念モデル

の機能的側面（サポート提供，否定的相互作用）とメンタルヘルスに関す
る分析枠組みを職場に適用し，これまで十分に議論されてこなかった職
場満足度を媒介変数として位置づけるという独自性をもつ．

2.　方法

1)　データ

　本章の分析は「世代間関係調査」のデータを用いた（調査方法の詳細に
ついては序章の第5節「本書で用いるデータ」を参照）．

2)　変数

(1)　従属変数

　メンタルヘルスに関する抑うつ傾向は，うつ病を含む気分・不安障害
のスクリーニングのために開発された K6 を用いた（Kessler et al. 2002）．
具体的には，過去1か月の間に「神経過敏に感じましたか」「絶望的だ
と感じましたか」などの6項目について，「いつも」から「まったくな
い」の5件法で回答を得た．それぞれの選択肢に4点から0点を配点し

単純加算して得点化した（α 係数 ＝.85）．つまり得点の高い者の方が抑うつ傾向が高いことを示している．

（2）　媒介変数

職場満足度は，「全般的にいって，自分の職場にどれくらい満足していますか」という質問に対して，「非常に満足している」から「全く満足していない」の 5 件法で回答を得た．それぞれの選択肢に 5 点から 1 点を配点して得点化した．

（3）　独立変数

職場における世代間関係の指標として，エイジズム経験，若年世代への職場サポート提供，若年世代との職場での否定的相互作用を取り上げた．

職場でのエイジズム経験は，先行研究を参照して（Kaye & Alexander 1995），「ある年齢になると，左遷させられる」「年長の人の意見や考えが無視されがちである」「職場には，60 歳よりも前に退職すべきだという雰囲気がある」3 項目について，「非常に当てはまる」から「全くあてはまらない」の 5 件法で回答を得た．それぞれの選択肢に 4 点から 0 点を配点し単純加算して得点化した（α 係数 ＝.82）．

若年世代への職場サポート提供は，「仕事の中で 20～40 代の人と会話をする機会がある」対象者に対して，「相手の仕事の苦労をねぎらったり，がんばりをほめたりする」「仕事上の技能や知識を相手に伝えたり，教えたりする」「相手の悩み事に耳を傾けたり，相談にのったりする」「相手がしてくれたことに対して，感謝の気持ちを伝える」の 4 項目について，「よくある」から「全くない」の 4 件法で回答を得た．それぞれの選択肢に 3 点から 0 点を配点し単純加算して得点化した（α 係数 ＝.79）．

　職場での若年世代との否定的相互作用は，「仕事の中で 20〜40 代の人
と会話をする機会がある」対象者に対して，「その方たちとは意見が合
わない」「その方たちとのつきあいには，苦労やストレスを感じる」の
2 項目について，「よくある」から「全くない」の 4 件法で回答を得た．
それぞれの選択肢に 3 点から 0 点を配点し単純加算して得点化した（α
係数 = .70）．

　統制変数として，性（男性を 1 とするダミー変数），年齢，学歴（教育年
数），経済的困難感（「非常に苦労している（5 点）」から「まったく苦労して
いない（1 点）」），雇用形態（正規雇用を 1 とするダミー変数）を用いた．

3）　分析方法

　分析方法は，媒介分析を用いた．本分析では，従属変数である抑うつ
傾向に対して，独立変数である職場における世代間関係（職場でのエイ
ジズム，職場サポート提供，職場での否定的相互作用）が及ぼす影響を，職
場満足度が媒介する効果を検討した．具体的には，すべての独立変数と
統制変数から媒介変数である職場満足度にパスを引き，すべての独立変
数と媒介変数と統制変数から従属変数である抑うつ傾向にパスを引いた
モデルにもとづいてパス解析を実施し，直接効果・間接効果・総合効果
を算出した．間接効果（媒介効果）の有意性検定は，ソベル検定（Sobel
test）を用いた（Baron & Kenny 1986; Preacher & Hayes 2004; Sobel 1982）．

　本分析は，上述の通り職場における世代間関係に焦点を当てるので
「仕事の中で 20〜40 代の人と会話をする機会がある」285 人を分析対象
とした．分析は，IBM SPSS Amos 25 を用いて，完全情報最尤推定法
（FIML）によって，欠損値のあるケースも分析に含めた．なお，投入し
た変数に欠損値がひとつもない 247 人を分析対象とした予備的な分析で
も，有意な効果をもつ変数に違いは見られなかった．分析に用いた変数
の平均値，標準偏差と相関行列は表 6-1 のとおりである．

表 6-1　変数の平均値，標準偏差と相関行列

変数	M	SD	1	2	3	4	5	6	7	8	9
1. 抑うつ傾向 (K6)	3.29	3.63	—								
2. 職場満足度	3.74	.90	$-.28^{***}$	—							
3. 職場でのエイジズム	1.94	2.18	$.19^{**}$	$-.36^{***}$	—						
4. 職場サポート提供	8.34	2.33	$-.10$	$.20^{**}$	$-.04$	—					
5. 職場での否定的相互作用	2.09	1.19	$.20^{***}$	$-.13^{*}$	$.20^{**}$	$.03$	—				
6. 性別 (男性＝1)	.58	.50	$-.04$	$.10$	$-.01$	$.13^{*}$		—			
7. 年齢	63.69	2.70	$-.01$	$.08$	$-.13^{*}$	$-.04$	$-.13^{*}$	$-.04$	—		
8. 学歴 (教育年数)	13.16	2.14	$-.22^{***}$	$.22^{***}$	$-.09$	$.08$	$.00$	$.23^{***}$	$-.13^{*}$	—	
9. 経済的困難感	3.23	1.15	$.25^{***}$	$-.26^{***}$	$.10$	$-.03$	$-.02$	$-.03$	$-.01$	$-.17^{**}$	—
10. 雇用形態 (正規社員＝1)	.26	.44	$.06$	$.07$	$-.03$	$.07$	$.17^{**}$	$.23^{***}$	$-.08$	$.15^{*}$	$.01$

注：$***p<.001$ $**p<.01$ $*p<.05$　ペアワイズ法にもとづく相関行列.

3. 抑うつ傾向に対する直接効果と間接効果

　抑うつ傾向を従属変数，職場満足度を媒介変数，職場における世代間関係を独立変数とした媒介分析の結果を図 6-2 に示した．分析に投入したすべての変数が，抑うつ傾向に及ぼす直接効果・間接効果・総合効果の値を表 6-2 に示した．

　職場でのエイジズムが抑うつ傾向に与える直接効果は有意でなかった．しかし職場でのエイジズムは職場満足度を低下させ，職場満足度の低さは抑うつ傾向を高めていた．この職場でのエイジズムが職場満足度を介して抑うつ傾向に与える間接効果は，ソベル検定の結果有意であった．

　若年世代への職場サポート提供は，職場満足度を高めていた．しかし職場サポート提供が抑うつ傾向に与える直接効果は有意でなく，職場満足度を介して抑うつ傾向に与える間接効果も有意でなかった．

　職場での若年世代との否定的相互作用は，抑うつ傾向を高めていた．しかし職場での否定的相互作用が職場満足度を介して抑うつ傾向に与える間接効果は有意でなかった．

　直接効果と間接効果を合わせた総合効果の大きさは，職場での否定的

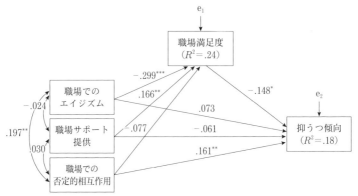

注：＊＊＊$p<.001$ ＊＊$p<.01$ ＊$p<.05$. 数値は，性・年齢・学歴・経済的困難感・雇用
　　形態の影響を統制後の標準化係数.

図 6-2　抑うつ傾向（K6）を従属変数とした媒介分析の結果

表 6-2　抑うつ傾向（K6）に対する直接効果，間接効果，総合効果（標準化係数）

	直接効果	間接効果	総合効果
職場満足度	$-.148^*$	—	$-.148$
職場でのエイジズム	$.073$	$.044^*$	$.117$
職場サポート提供	$-.061$	$-.025$	$-.086$
職場での否定的相互作用	$.161^{**}$	$.011$	$.173$
性別（男性＝1）	$-.033$	$-.009$	$-.043$
年齢	$.020$	$-.008$	$.012$
学歴（教育年数）	$-.144^*$	$-.021$	$-.165$
経済的困難感	$.182^{**}$	$.029$	$.210$
雇用形態（正規社員＝1）	$.075$	$-.004$	$.071$

注：＊＊＊$p<.001$ ＊＊$p<.01$ ＊$p<.05$　標準化係数の値を表示. 間接効
　　果の有意性検定はソベル検定を用いた.

相互作用，職場でのエイジズム，職場サポート提供の順であった.

4. 考察——エイジズムと抑うつを媒介する職場満足度

　本分析は，職場における世代間関係がメンタルヘルスに及ぼす影響を，職場満足度を媒介変数として検討してきた.

　知見を整理すると，第一に，職場でのエイジズムが抑うつに与える直接効果は有意でなく，職場満足度を介して抑うつに与える間接効果が有意であった．つまり，職場でエイジズムを経験している者ほど職場満足度が低く，その職場満足度の低さが抑うつ傾向の高さにつながっていた．

　この職場におけるエイジズムが満足度に及ぼす影響は，職場／仕事満足度を従属変数とした海外の先行研究（Redman & Snape 2006; Hassell & Perrewe 1993; Macdonald & Levy 2016; Taylor et al. 2013），そして日本の中高年男性の仕事満足度に関する先行研究の知見と一致している（Harada et al. 2019）．とくに日本の就業者は，海外に比べて多大な時間を職業生活に費やす「会社人間」と呼ばれてきた．したがって，職場におけるエイジズムが「もう自分は組織に必要とされていない」という疎外感を生み出し，高齢就業者の職場満足度を低下させている可能性がある．本分析の知見は，職場におけるエイジズムが，職場満足度を介してメンタルヘルスに悪影響を及ぼす重要な心理社会的な要因であることを示唆している．

　第二に，若年世代へのサポート提供は，職場満足度の高さをもたらしていたが，抑うつに対する直接効果・間接効果ともに有意でなかった．さらに，若年世代との否定的相互作用が多い者ほど，抑うつ傾向が高いという直接効果が確認された．

　このサポート提供の知見に関して，エスティーム・エンハンスメント（esteem enhancement）理論の見地から，受領サポートよりも提供サポートが多いと知覚している就業女性ほど欠勤日数が少ないことを明らかにしている研究がある（Väänänen et al. 2005）．つまり，高齢就業者にとって，サポートを受領する側ではなく，サポートを提供する側で居続けることが，自尊感情の維持・増大につながり，職場満足度を高めているのかもしれない．

　そして若年世代との否定的相互作用に関する知見は，社会関係の機能

的側面という観点から見れば，世代間関係上のストレインの少なさが，抑うつ傾向の低さにつながっていると考えられる（杉澤 2012）．分析に投入した独立変数のなかでは，この職場での否定的相互作用の総合効果の値がもっとも大きかった．つまり高齢就業者のメンタルヘルスにとって，職場におけるサポートをいかに増やすかという視点だけでなく，苦労やストレスを感じる若年就業者との否定的相互作用をいかに減らすかという視点が必要であることを示唆している（原田 2017）[5]．

　こうしたサポート提供と否定的相互作用に関する知見の政策的含意に関して，太田聡一は，企業における高齢就業者と若年就業者のあるべき関係を「補完」と「互譲」という視点から検討している（太田 2017）．サポート提供に関する結果は，高齢就業者にとって技術継承の役割を果たすことがみずからの満足度を高め，ひいては若年就業者の生産性を高めることにもつながる可能性もあり，両者がペアを組んで働く「補完」的な就業形態の有用性を示唆している．しかし世代間の否定的相互作用が顕在化している職場では，高齢就業者は土日祭日など，子育て世代が勤務しにくい時間帯に働くといった「互譲」的な就業形態の方が，高齢者本人や企業にとって有用なのかもしれない．

　最後に本分析の限界と今後の課題について述べたい．第一は，調査設計上，本分析の対象者を「仕事の中で20〜40代の人と会話をする機会がある」者に絞った点である．そもそも若年者に対して否定的な態度をもつ高齢就業者は，職場での若年者との接触を回避しているかもしれない．その場合，本分析の対象者が「若年世代に好意的な高齢就業者」に偏っている可能性がある．

　第二に，本分析ではサンプル・サイズの限界から，職種や業種別の比較分析は行わなかった．本分析結果は，こうした現職の諸特性によって異なる可能性がある．

　第三に，本分析で取り上げたエイジズムに関連して，「定年の廃止」

といった企業の制度／施策（の変更）が職場満足度に及ぼす影響の検討が必要である．企業では「働きやすい労働時間の設定」や「技術習得のための講座や資金援助」「身体的に無理のない仕事に変更」など，さまざまな施策が導入されつつある．これらの施策の効果を検討することで，高齢就業者の職場満足度を高め，ひいては精神的な健康維持に寄与する要因を明らかにすることができる．

注

1　職場におけるメンタルヘルスという観点からいえば，産業保健分野における「職業性ストレス」研究では，仕事で要求されることと自分で仕事をコントロールできる程度の比較からストレスをとらえる「仕事の要求度―コントロール」モデルに（Karasek 1979），上司や同僚からのサポートの受領を組み込んだ分析枠組みが検討されてきた（Johnson & Hall 1988; Shimazu et al. 2004）．

2　人間関係の構造的側面が「社会的ネットワーク」としてとらえられるのに対して，機能的側面は「社会的サポート」としてとらえられる．この社会的サポートが人間関係の肯定的な機能に焦点をあてた概念であるのに対して，イライラさせられる，小言や文句をいわれるといった人間関係の否定的な機能に焦点をあてた概念として「否定的相互作用」が挙げられる．アメリカでは，1980年代半ばから，否定的相互作用が主観的幸福感に及ぼす影響に関する実証研究が，必ずしも数は多くないが蓄積されてきた（原田 2017）．

3　従来の社会的サポート研究では，理論的には，ストレス・プロセスにおけるサポートの直接効果と緩衝効果の分析枠組みが設定されることが多かった（Cohen & Wills 1985）．とくに，さまざまなストレスフルなライフイベントが健康や幸福感に及ぼす悪影響を緩衝する社会的資源として，サポートの役割が鍵になったのである．

4　筆者らは，全国の55～64歳の男性就業者を対象とした訪問面接調査の結果から，職場でエイジズムを経験している者ほど，仕事満足度（仕事内容・給料・労働時間などの6項目の評価を加算）が低いことを示した．さらに，上司と同僚からの社会的サポートが，エイジズムが仕事満足度に及ぼす悪影響を緩衝することを明らかにした（Harada et al. 2019）．

5　職場におけるエイジズムや社会的サポートなどの心理社会的な職場環境は，職場満足度や精神的健康に影響を及ぼすだけでなく，転職／引退過程にも影響を及ぼすと考えられる．海外では，エイジズムを経験している就業者ほど退職希望年齢が低いという報告も出ている（Schermuly et al. 2014）．

第7章　地域貢献している高齢者は幸せか？
──地域で幸福に老いる条件

1. 高齢期におけるボランティア活動と幸福感

1）　理論的背景

　高齢期における地域でのボランティア活動は，第1章で述べたように
プロダクティブ・エイジングという観点から注目されてきた．この概念
は，バトラーが，老いについての考え方を，介護や社会的コストなどの
「依存性」といったネガティブな枠組みから，高齢者のプロダクティビ
ティ（生産性）をもっと社会に活かすといったポジティブな枠組みへの
転換を提唱したことに由来する（Butler & Gleason 1985＝1998）．

　ロウとカーンは，サクセスフル・エイジングの要素として，①疾病お
よびそれに関連した障がいのリスクが低いこと，②高い認知機能と身体
機能を維持していること，③生活に積極的に関与していることを挙げて
いる．高齢期におけるボランティア活動は，この3つ目の要素の柱にな
ると考えられる（Rowe & Kahn 1997）．

　高齢期におけるボランティア活動と主観的幸福感の関連をとらえる理
論的視角として，第1章で詳述した活動理論が挙げられる．これは，高
齢期においても活動し続けることがサクセスフル・エイジングにつなが
るという考えである．レモンらによれば，活動理論の本質は，社会活動
性と生活満足度は正の関連があり，役割喪失が大きいほど，生活満足度
が低くなるという点にある（Lemon et al. 1972）．つまりこの見地に立て

ば，高齢期におけるボランティア活動は幸福感を高めると考えられる.

　また，役割理論の観点からも，仕事や子育ての延長でボランティアに従事する若年世代に比べて，高齢者は自分の裁量でボランティアに参加できるので役割緊張（role strain）が生じにくい（Goode 1960; Herzog & House 1991）．職業からの引退という役割喪失（role loss）に対して，地域におけるボランティアという新たな役割取得は，高齢者の幸福感にとって有益だろう[2].

2)　先行研究と仮説

　このような背景から，高齢期におけるボランティア活動と幸福感に関する実証研究は，とくにアメリカにおいて，全国パネル調査データを用いて蓄積されてきた（Morrow-Howell 2010）．マリーク・ファン・ヴィリヘンは，Americans' Changing Lives（ACL）のデータを用いて，過去1年間にボランティア（教会・宗教，学校・教育，政党・労働組合，高齢者グループなど）に参加している高齢者，そしてより長い時間ボランティア活動している高齢者ほど生活満足度が高いことを明らかにしている（Van willigen 2000）．ナンシー・モロー・ハウエルも，ACLのデータを用いて，ボランティア活動は，主観的健康感を高め，抑うつを低下させる効果をもつこと，そしてボランティア活動が幸福感に及ぼす影響は，性，人種，インフォーマルな社会統合（友人との接触頻度）によって異ならないことを報告している（Morrow-Howell et al. 2003）.

　またリーシュアン・ファンは，世界価値観調査（World Values Survey）のデータを用いて，アジア5か国（香港，日本，シンガポール，韓国，台湾）におけるボランティア活動と幸福感の関連を検討している．その結果，ボランティア活動への参加と幸福感の関連は，年齢階級別にみると，65歳以上の高齢者において顕著であった．さらにボランティア活動と国の交互作用効果を検討した結果，とくに韓国，日本，台湾の高齢

者の幸福感において，ボランティア活動への参加が有益であることを報
告している（Huang 2019）．

　こうしたボランティア活動が幸福感に及ぼす影響に関する研究は，そ
もそも「幸福感が高い高齢者がボランティア活動をしているのではない
か」という選択バイアスの問題を抱えている．この論点に関しては，幸
福感が高い高齢者ほどボランティア活動をしているとともに，ボランテ
ィア活動をしている高齢者ほど幸福感が高いという双方向の関係にある
ことが指摘されているが（Thoits & Hewitt 2001），その知見は一貫して
いない（Li & Ferraro 2005）．

　日本においても，杉原らは，中高年者（55〜64歳）を対象とした全国
パネル調査データを用いて，ボランティア活動への参加が，男性の抑う
つ傾向を低めることを指摘している．とくに男性の場合，失職が抑うつ
に及ぼす悪影響をボランティア活動が緩衝する可能性を示唆していた．
女性の場合，ボランティア活動の直接効果は確認されなかったが，専業
主婦に比べて複数のプロダクティブな役割を保持している者の方が，抑
うつ傾向が低いことを明らかにしている（Sugihara et al. 2008）．さらに
杉原は，全国高齢者パネル調査（JAHEAD）データを用いて，男女とも
1999年と2012年のいずれの時点においても，ボランティア活動をして
いる者ほど抑うつ傾向が低く，生活満足度が高いことを報告している
（杉原 2015）．

　これらの知見をふまえると，個人レベルでは「ボランティア活動に参
加している者ほど生活満足度が高い」，そして地域レベルでも「ボラン
ティア活動の参加率が高い地域に住んでいる者ほど生活満足度が高い」
という仮説が考えられる．

2.　集合的効力感と幸福感

1)　理論的背景

　高齢者は，日常生活動作障害などによって生活範囲が狭まるので，地域環境の影響を受けやすい．ロートンによって提示された環境順応仮説（environment docility hypothesis）は，生活機能が低い者ほど，環境要因の影響が大きくなると主張した．つまり，環境圧力（environmental press）とよぶべき文脈的特性は，生活機能が高い人よりも低い人に不釣り合いに影響するというモデルである（Lawton & Simon 1968）．

　しかし日本では，住み慣れた地域で可能な限り生活し続けるというエイジング・イン・プレイスという理念が強調されながら，上述したボランティアをはじめとする社会活動と幸福感の関連に関する研究に比べて，地域環境に着目した研究は低調であった．

　一方，欧米では，健康や犯罪をめぐる研究において地域環境といった文脈効果に対する関心が高まるなかで，ローデンブッシュとサンプソンが，地域環境を定量的に評価するエコメトリクスの重要性を主張した（Raudenbush & Sampson 1999）．かれらは，都市住民のネットワークはもはや空間的に制約されていないと述べ，ローカルなネットワーク（隣人数の多さなど）を単純にソーシャル・キャピタルの高さとして置き換えることの問題点を指摘した．そしてサンプソンらは，地域の社会構造と個人の幸福感を結びつける鍵概念として集合的効力感を提示した[3]．

　この集合的効力感は，「地域の利益になるように介入しようとする意思と結びついた隣人間の社会的凝集性」と定義される（Sampson et al. 1997）．具体的には，地域の人びとへの信頼や互酬性といった「社会的凝集性（social cohesion）」の次元と，地域における違反行為あるいは

受け入れがたい出来事があった場合に人びとが行動を起こす可能性を指す「インフォーマルな社会統制（informal social control）」の次元からなる．

2)　先行研究と仮説

　集合的効力感が幸福感に及ぼす影響に関する先行研究は，欧米において多岐にわたって蓄積されてきた（原田 2016）．そこで，まず健康指標を従属変数とした先行研究の知見を整理しておきたい．クリストファー・ブロウニングらは，シカゴ近隣地区人間発達プロジェクト（Project on Human Development in Chicago; PHDCN）のデータを用いて，貧困率や失業率などの合成変数である不利の集積といった客観的な地域特性の影響を統制しても，集合的効力感が高い地域（国勢調査区を統合したクラスター）に居住している者ほど，主観的健康感が高いことを示している（Browning & Cagney 2002）．ジェニファー・アハーンらは，New York Social Environment Study のデータを用いて，集合的効力感が抑うつに及ぼす影響を，とくに年齢との交互作用効果に着目して検討した．その結果，集合的効力感が高い地域（コミュニティ地区）に居住している高齢者ほど抑うつ傾向が低いことを明らかにしている（Ahern & Galea 2011）．アンナ・トマらは，English Longitudinal Study of Ageing（ELSA）のデータを用いて，ベースライン時の社会経済的地位特性や健康状態の影響を統制しても，「この地域の人びとは信頼できない」といった地域に対して否定的な認知をもつ高齢者ほど，生活満足度が低いことを報告している（Toma et al. 2015）．

　続いて居住満足度を従属変数とした先行研究の知見を整理すると，アンドレア・ダッソポウロスとシャノン・モナットは，Los Angeles Family and Neighborhood Survey（LAFANS）のデータを用いて，地域の集合的効力感（社会的凝集性と社会統制）が高いと評価している者ほど居住満

足度が高いことを示している（Dassopoulos & Monnat 2011）．同様に，アマンダ・ヴェムリらは，Baltimore Ecosystem Study のデータから，サンプソンの集合的効力感尺度の下位次元である社会的凝集性を用いて，地域の社会的凝集性が高いと評価している者ほど，居住満足度が高いことを示している（Vemuri et al. 2011）．またバーバラ・ブラウンらは，ソルトレイクシティ調査から，個人レベルの集合的効力感の認知だけでなく，地域（街区）レベルの集合的効力感の高さが居住満足度（愛着）を高めることを明らかにしている（Brown et al. 2003）．

　近年，日本においても集合的効力感と幸福感に関する研究が蓄積されつつある．原田・杉澤は，1都3県の30自治体調査を用いて，サンプソンの集合的効力感尺度の下位次元である社会的凝集性と居住満足度の関連を検討し，個人レベルの社会的凝集性の評価だけでなく，地域（町丁目）レベルの社会的凝集性の高さが居住満足度を高めることを明らかにしている（原田・杉澤 2015）．赤枝尚樹は，2015年 SSM 調査データを用いて，「近所の人たちはお互い仲良くやっている」などの項目からなる集合的効力感と生活満足度の関連を検討し，個人レベルの集合的効力感だけでなく，地域レベルの集合的効力感の高さが生活満足度を高めることを指摘している．さらに，不利の集積が進んでいる居住地ほど，地域レベルの集合的効力感が強い効果をもつという交互作用効果を報告している（赤枝 2018）．

　これらの知見をふまえると，個人レベルでは「自分が住んでいる地域の集合的効力感が高いと評価している者ほど生活満足度が高い」，そして地域レベルでは「集合的効力感が高い地域に住んでいる者ほど生活満足度が高い」という仮説が考えられる．

　以上のような研究動向をふまえて，本章は，個人レベルのボランティア活動への参加と集合的効力感と，その回答を町丁目ごとに集計した地域レベルのボランティア活動への参加率と集合的効力感が，中高年者の

生活満足度に及ぼす影響をマルチレベル分析によって明らかにすること
を目的とする[4].

3.　方法

1)　データ

　本章の分析は「東京中高年者調査」のデータを用いた（調査方法の詳
細については序章の第5節「本書で用いるデータ」を参照）.

2)　変数

(1)　従属変数

　主観的幸福感は，ニューガルテンらによって開発された生活満足度尺
度 A（Life Satisfaction Index A; LSIA）から3項目を抜粋した「生活満足
度」を用いた（Neugarten et al. 1961）[5]. 本尺度は，本来11項目であり，
気分（mood tone），生活への熱意（zest of life），一致（congruence）の3
因子構造から成る（Liang 1984）. 本分析では，それぞれの因子から1項
目ずつ選択した. 具体的には「今が自分の人生で一番幸せなときだ」
「これから先におもしろいこと，楽しいことがいろいろありそうだ」「私
は，自分の人生をふりかえってみてまあ満足だ」という質問に対して，
「そう思う」から「そう思わない」の5件法で回答を得た. それぞれの
選択肢に4点から0点を配点し単純加算して得点化した（α係数＝.79）.
つまり得点が高い者ほど生活満足度が高いことを示している.

(2)　独立変数

　個人レベルの独立変数は，年齢，性別（男性を1とするダミー変数），配
偶者の有無（ありを1とするダミー変数），教育年数，世帯年収（百万），

就業状況（現在働いている者を1とするダミー変数），生活機能障害（ありを1とするダミー変数），居住年数，居住形態（持家を1とするダミー変数），ボランティア活動，集合的効力感である．

　ボランティア活動は，「道路や公園の掃除など地域の環境を良くする活動」「交通安全，防犯，防災など，地域の安全を高める活動」「高齢者や障害者，子ども，福祉施設等に対する奉仕活動」「地域の活動・行事や趣味などの会の世話役，手伝い」「民生委員，保護司，行政相談委員などの公的な奉仕活動」「その他の地域貢献活動やボランティア」の項目を示し，この1年間にこのような活動に参加したか否かを尋ねた（参加を1とするダミー変数）．

　集合的効力感は，サンプソンらによって開発された尺度を翻訳して用いた（Sampson et al. 1997）．具体的には社会的凝集性に関する5項目（「この地域（同じ町内会くらいの範囲）の人びとは信頼できる」「この地域の人びとは結束が強い」「この地域の人びとは喜んで近所の人を手助けする」「この地域の人びとはお互いにあまりうまくいっていない（逆転項目）」「この地域の人びとは同じ価値観をあまり共有していない（逆転項目）」）と，インフォーマルな社会統制に関する5項目（「この地域の人びとは学校をさぼり路上でたむろしている子供をみたら注意する」「この地域の人びとは建物に落書きをしている子供をみたら注意する」「この地域の人びとは大人に失礼な態度をとる子供を見たら注意する」「この地域の人びとは自分の家の前で突然けんかが始まったら止めにはいる」「この地域の人びとは最寄りの集会所が閉鎖されそうになったら廃止されないように行動する」）の計10項目を用いて測定した．「そう思う」から「そう思わない」の5件法で回答を得た．それぞれの選択肢に5点から1点を配点し単純加算して得点化した（α係数 = .87）．つまり得点が高い者ほど集合的効力感を高く評価していることを示している．

　地域レベルの独立変数は，個人レベルで測定したボランティア活動と集合的効力感の回答を町丁目ごとに集計して，地域ごとのボランティア

表7-1　個人レベル変数の記述統計

生活満足度	7.35±2.83
年齢	69.52±8.03
性（男性）	52.6%
配偶者（あり）	69.0%
教育年数	13.50±2.36
世帯年収（百万）	5.57±4.38
就業（あり）	53.1%
生活機能障害（あり）	6.5%
居住年数	27.83±18.79
居住形態（持家）	70.1%
ボランティア活動（参加）	36.6%
集合的効力感	33.06±6.42

注：平均値 ± 標準偏差または割合（％）を表示.
　　$n=818$

表7-2　地域レベル変数の記述統計

ボランティア活動	35.71±17.83
集合的効力感	33.00±2.21

注：平均値 ± 標準偏差を表示.
　　$n=60$

活動参加率と集合的効力感の平均値を分析に投入した.

3)　分析方法

　本分析は，従属変数である生活満足度を，地域レベルと個人レベルの2水準の独立変数で説明する階層線形モデル（hierarchical linear model）によるマルチレベル分析を用いた．まず切片のみのモデルを用いて，生活満足度において地域差がみられるのか否かを確認する（モデル1）．次に，年齢，性，配偶者の有無，教育年数，世帯年収，就業の有無，生活機能障害，居住年数，居住形態といった個人レベルの属性が生活満足度に及ぼす影響を確認する（モデル2）．次に，個人レベルのボランティア活動への参加と集合的効力感が生活満足度に及ぼす影響を明らかにする（モデル3）．次に町丁目ごとに集計した地域レベルのボランティア活動参加率と集合的効力感が生活満足度に及ぼす影響を明らかにする（モデル4）.

　本分析は切片にランダム効果を仮定したモデルを，HLM 8を用いて分析した．推定方法は，完全情報最尤推定法（FIML）を用いた．個人

表 7-3　生活満足度に関連する要因分析の結果

	モデル 1	モデル 2	モデル 3	モデル 4
固定効果				
個人レベル				
切片	7.341***	7.329***	7.351***	7.360***
年齢		.018	−.004	−.004
性（男性）		−.472	−.429	−.429
配偶者（あり）		1.128***	.983***	.983***
教育年数		−.021	−.028	−.028
世帯年収（百万）		.034	.033	.033
就業（あり）		−.039	−.170	−.170
生活機能障害（あり）		−1.834***	−1.817***	−1.817***
居住年数		.009	.003	.003
居住形態（持家）		.174	.045	.045
ボランティア活動（参加）			.762**	.762**
集合的効力感			.086***	.086***
地域レベル				
ボランティア活動（参加）				−.015
集合的効力感				.136*
ランダム効果				
地域レベル切片	.234*	.263*	.347**	.221**
逸脱度	3820.31	3510.34	3254.30	3246.73

注：***p<.001 **p<.01 *p<.05

レベルの独立変数はグループ平均による中心化，地域レベルの独立変数は全平均による中心化をおこなった．

　分析対象者の特性は表 7-1 に示した．また，個人レベルで測定したボランティア活動への参加と集合的効力感を町丁目ごとに集計した地域レベル変数の分布は表 7-2 のとおりである．

4. ボランティア活動と集合的効力感が生活満足度に及ぼす影響

　生活満足度に関連する要因を検討したマルチレベル分析の結果が表 7-3 である．まず切片のみのモデルを用いて，生活満足度において地域差がみられるのか否かを確認した（モデル1）．その結果，地域レベル切

片の分散が有意であり，生活満足度の地域間のばらつきは無視できないことがわかった．

　次に個人レベルの属性が生活満足度に及ぼす影響を検討した結果（モデル2），配偶者がいる者ほど生活満足度が高く，生活機能障害がある者ほど生活満足度が低かった．

　次に個人レベルのボランティア活動への参加と集合的効力感が生活満足度に及ぼす影響を検討した結果（モデル3），ボランティア活動に参加している者，そして集合的効力感を高く評価している者ほど生活満足度が高かった．次に町丁目ごとに集計した地域レベルのボランティア活動参加率と集合的効力感が生活満足度に及ぼす影響を検討した結果（モデル4），集合的効力感が高い地域に住んでいる者ほど生活満足度が高かった．また，地域レベル切片の分散が低下しており，分析に投入した地域レベルの変数によって，地域間のばらつきが説明されていた．

5.　考察——個人レベルのボランティア活動と地域レベルの集合的効力感の効果

　本章は，個人レベルのボランティア活動への参加と集合的効力感と，その回答を町丁目ごとに集計した地域レベルのボランティア活動への参加率と集合的効力感が，中高年者の生活満足度に及ぼす影響をマルチレベル分析によって検討した．

　第一に，ボランティア活動について，個人レベルの「ボランティア活動に参加している者ほど生活満足度が高い」という仮説は支持された．一方，地域レベルの「ボランティア活動の参加率が高い地域に住んでいる者ほど生活満足度が高い」という仮説は支持されなかった．

　この個人レベルのボランティア活動の効果は，杉原の全国高齢者パネル調査にもとづいた生活満足度に関する知見と一致する（杉原 2015）．本分析では，同じプロダクティブな活動でも，就業（現在働いているこ

と）は，生活満足度と有意な関連がみられなかった．その一方で，地域
におけるボランティアという役割取得が，高齢者の幸福感にとって有益
であることが示された．高齢者の幸福感にとってボランティア活動が有
益であることは，先にレビューしたアメリカにおけるパネル調査や
（Morrow-Howell et al. 2003; Van willigen 2000），世界価値観調査にもと
づくアジア諸国における知見が示唆しているように（Huang 2019），洋
の東西を問わないようである．

　この知見は，サポートの受領者ではなくサポートの提供者として高齢
者を位置づけ，ボランティアといった自発性にもとづく利他的，あるい
は自助・互助的な諸活動の推進が，高齢者の幸福感につながることを示
唆している．こうした視点は，高齢化が進む地域社会におけるエイジズ
ムを解消し，プロダクティブ・エイジングを推進していくうえで，今後
ますます重要になっていくだろう．

　しかし一方で，ボランティア活動の参加率が高い地域に住んでいるこ
と自体は，高齢者の生活満足度を高めていなかった．この点に関しては
さらなる検討が必要だが，地域での清掃活動やさまざまな奉仕活動が，
ボランティアという名の下で地域住民が「動員」されて，結果として参
加率が高くなっているような場合，地域レベルの参加率の高さが幸福感
に及ぼす影響は低下してしまうだろう．

　第二に，個人レベルでは「自分が住んでいる地域の集合的効力感が高
いと評価している者ほど生活満足度が高い」という仮説は支持された．
さらに地域レベルの「集合的効力感が高い地域に住んでいる者ほど生活
満足度が高い」という仮説も支持された．

　この個人レベルと地域レベルの集合的効力感の効果は，原田・杉澤の
高齢者の居住満足度に関する知見や，赤枝の全国調査にもとづいた生活
満足度に関する知見と一致する（原田・杉澤 2015；赤枝 2018）．

　これまでのソーシャル・キャピタル研究においても，この個人レベル

と地域レベルといった分析水準による結果の解釈については，議論の余地がある．たとえば，個人レベルで測定された（集合的効力感の項目に含まれる）近隣の人びとに対する信頼／不信は，怒りや攻撃性などとともに，敵意の評価にかかわるものでもある（Kawachi et al. 2008＝2008）．こうしたパーソナリティ特性や，地域で何か問題が起きても近隣住民は何も声を上げないだろうという認知が，生活満足度に影響している可能性が示唆される．

　一方，地域レベルの集合的効力感の高さは，公共サービスの質や量に影響を与えると考えられる（Kawachi & Berkman 2000）．たとえば，公共施設の閉鎖など，何かしら受け入れがたい事案が生じた場合，集合的効力感が高い地域では，近隣住民が何らかの集合行動を起こす可能性が高い．また，地域レベルの集合的効力感の高さは，高齢者に対する手段的／情緒的サポートを提供する，あるいは自尊感情（self-esteem）や自己肯定感の源泉として作用する心理社会的プロセスが挙げられる（Kawachi & Berkman 2000）．実際に，防災や防犯といった地域における相互扶助活動も，集合的効力感が高い地域の方が展開しやすく，結果として生活満足度の高さをもたらすと考えられる．

　最後に，本分析の限界と今後の課題について言及しておきたい．第一に，本分析では，地域におけるボランティア活動の測定は，先行研究と比較可能な質問項目を用いて行った．今後は，活動内容の違いや，活動時間の多寡もふまえた分析が考えられる．

　第二に，本分析は地域レベルの集合的効力感が高齢者の生活満足度に影響を及ぼすことを明らかにしたが，どのような地域の社会構造（人口，階層構成など）が集合的効力感の違いを生み出すのかについては解明されていない．

　第三に，分析に投入した2つの地域レベルの変数によって，生活満足度の地域間のばらつきは一定程度説明されていたが，地域レベル切片の

分散は有意なままであった．今後は，今回取り上げた以外の地域レベルの変数も含めて，生活満足度をはじめとする高齢者の幸福感に関連する地域環境要因を検討する必要がある．

注

1　第1章で整理したように，老年学では「肯定的―否定的な感情の次元」の総称として subjective well-being という用語が用いられ（古谷野 2008; Larson 1978），生活満足度やモラール尺度などの自記式（つまり個人がどのように感じているかという主観）によって測定されてきた．

2　直井道子（2001）は，社会学的にみたエイジングとは「より年齢にふさわしいとされる役割に移行すること，あるいは移行させられること」であると述べている．そして，エイジングの社会学的研究は「役割移行の諸状況を規定する要因や，役割移行への適応や不適応の条件を探る研究」であると指摘している．

3　地域環境と幸福感に関する研究において，地域の文脈効果に着目する視点は，シカゴ学派都市社会学の生態学アプローチにさかのぼることができる．この系譜を引き継いで，サンプソンらは地域環境を定量的に評価するエコメトリクスの重要性を主張し，地域の社会構造と個人の幸福感を結びつける鍵概念として集合的効力感を提示した．詳細については，拙稿を参照（原田 2016）．

4　本分析のように生活満足度に対する個人レベルの変数と地域レベルの変数の効果を厳密に解明するためには，方法論的に階層的に異なるレベル（水準）で測定された変数を扱うマルチレベル分析の枠組みが必要とされる．かつては，本来地域（集合）レベルの水準の変数であるはずの諸特性も，個人レベルの水準の変数として伝統的な線形モデルの分析に投入し，その効果を推定してきた．しかし分析技法の進展に伴い，このような異なる水準のデータを扱うモデルの場合，厳密なパラメータ推定をおこなうためにマルチレベル分析が用いられるようになった（Kreft & Leeuw 1998＝2006）．

5　LSIA は，質問項目のワーディング的には「人生満足度」と翻訳した方が適切かもしれないが，多くの先行研究に倣って本稿でも「生活満足度」という表現にした．

6　回収数は820人であったが，調査地点が不明な2人を分析から除外した（調査票表紙に記載した ID が切り取られて返送されてきたため）．したがって，分析対象者数は818人になる．

終　章　人生 100 年時代の世代間関係

　本書は，まず「エイジズムはどのように測定され，こうした年齢にもとづく偏見・差別は何によって規定されているのだろうか」という問いを解明してきた．続いて「職場における世代間関係や，地域におけるボランティア活動は，高齢者の主観的幸福感にどのような影響を及ぼしているのだろうか」という問いを検証してきた．

　終章では，まず第Ⅰ部で検討したエイジズムを議論する際に必要な理論と，国際比較データを用いて整理した日本の高齢者像をふりかえっておきたい．そして，第Ⅱ部と第Ⅲ部の各章で議論したリサーチ・クエスション（問い）に沿って，実証分析の結果をまとめる．続いて，エイジズムの低減と解消に向けて，これらの知見がもつ理論的インプリケーションを提示する．さらに，エイジフリーな職場づくり，あるいは地域における世代間互酬にかかわる政策（実践）的なインプリケーションを提示するとともに，今後の課題もふまえた幸福な老いとエイジズム研究の射程についても言及しておきたい．

1. 理論背景と分析結果のまとめ

1) 変容する高齢者像

(1) サクセスフル・エイジング──望ましい高齢者像を問いなおす

　第 1 章では，エイジズムについて議論するにあたり，幸福な老いともよばれるサクセスフル・エイジングをめぐる理論を整理し，エイジズム

への反論として提起されたプロダクティブ・エイジングの概念を検討した.

　コウギルの老いの近代化理論が示唆していたように，都市化や工業化が進むと，人びとの人生の軌跡は「教育・仕事・引退」という3つのステージに分節化されていった．こうしたライフステージの分節化は，「子ども・大人・高齢者」という異なるステージにいる人びとの空間的・制度的・文化的な分離をもたらした．この「年齢による隔離」が，高齢者に対する偏見や差別といったエイジズムを強化したというのである．

　しかし，人生100年時代において，グラットンが予見するように人生のマルチステージ化が進めば，ギデンスが「再帰的プロジェクト」とよぶ「自分の過去，現在，未来について絶え間なく自問し続けること」が求められる（Gratton 2016＝2016）．この観点からいえば，職業キャリアだけでなく，引退後の人生も，みずからのライフコースを回顧しながら設計される対象になる．

　社会老年学では，まさにさまざまな役割が縮小していく高齢期における幸福な老いの条件は何か，つまりサクセスフル・エイジングとは何かが探求されてきた．この歴史は，高齢者個人と社会とが相互に離脱しあうことが幸福な老いにつながるという「離脱理論」と，高齢期においても活動し続けることが幸福な老いにつながるという「活動理論」との論争までさかのぼることができる．さらに高齢者の生活満足度を規定するのは，社会的活動の特定のレベルではなく，現在の生活様式がいかにこれまでの生活様式と連続しているかであるという「継続理論」などが提示された．そしてロウとカーンは，サクセスフル・エイジングの要素として，①疾病およびそれに関連した障がいのリスクが低いこと，②高い認知的機能と身体的機能を維持していること，③プロダクティブな活動などによって生活に積極的に関与していることを挙げたのである

(Rowe & Kahn 1987, 1997).

(2) プロダクティブ・エイジング論の功罪

一方，エイジズム概念を提起したバトラーは，高齢者がおかれている現状に対する問題提起，そして政治的課題としてあつかうべき枠組みとして「プロダクティブ・エイジング」という概念を提唱した（Butler & Gleason 1985＝1998）．かれは，この概念によって，エイジング（老い）を「依存性」といったネガティブな観点ではなく，「生産性」といったポジティブな観点からとらえ直そうと考えたのである．そして，高齢者がもつ広い意味でのプロダクティビティを，もっと社会に活用しようという発想を強調した．高齢者の就業のみならず，ボランティアによる地域貢献といったプロダクティブな活動の推進は，世代間の問題である「エイジズムに対する反論」の鍵になっている．

実際に，いまの高齢者，とくに 65 歳から 74 歳の前期高齢者の人びとは，もちろん個人差はあるものの，元気な人が多い．日本老年学会と日本老年医学会は，高齢者の身体的老化，歯の老化，心理的老化現象の出現に関するデータの経年的変化を分析した結果，現在の高齢者においては，10〜20 年前と比較して心身の老化の出現が 5〜10 年遅くなっているという「若返り」現象を発表した．これらの点をふまえ，学会のワーキンググループは，65〜74 歳を「准高齢者（准高齢期）」，75 歳以上を「高齢者（高齢期）」とする高齢者のあらたな定義を提言したのである（日本老年学会・日本老年医学会 2017）．

もちろんプロダクティブ・エイジングや，こうした「若返り」現象を過度に強調することは，生活機能障害のために就業できない高齢者や，そもそもプロダクティブな活動を希望しない高齢者に対する偏見や差別を強めてしまう危険がある．それでは，エイジズムに対する反論として提唱された概念が，あらたなエイジズムを生み出してしまうことになり

かねない．この観点において，生活機能が低下しやすい後期高齢者の就業や地域貢献を議論する場合は，「補償を伴う選択的最適化理論（SOC理論）」のような生涯発達理論も視野に入れる必要があるだろう．

(3)　世界のなかの日本の高齢者──就業継続と地域貢献の国際比較

　第 2 章では，日本における雇用政策の動向を確認した上で，今日の日本の高齢者像を，就業継続と地域貢献に関する国際比較データを用いて明らかにした．

　欧米の先進諸国では，早期退職が，1970 年代の終わりから 1990 年代にかけて共通にみられた傾向であった．しかし，人口の高齢化が進むなかで，早期退職という雇用政策は適切でないという議論が高まるにつれて，1990 年代半ばから高齢男性の労働力率が上昇していった．このように，欧米諸国では早期退職から継続雇用への転換が図られたが，そのあいだも日本の 55〜64 歳男性の労働力率は，80％ を超える水準を一貫して維持していた．

　国内の高齢者雇用政策は，厚生年金の支給年齢の引き上げといった年金政策に対応して形づくられていったという特徴をもつ．企業は，高年齢者雇用安定法の 2004 年の改正によって，①定年退職年齢の引き上げ，②定年後の継続雇用制度の導入，③定年制の廃止のいずれかの方法で，65 歳までの高年齢者雇用確保措置を講じる義務を負うことになった．現実には，多くの企業が継続雇用制度の導入によって対処したといわれる．そして 2020 年現在，高年齢者雇用安定法の改正が議論されており，企業に 70 歳までの就業確保の努力義務を課すことが目指されている．この改正では，他企業への再就職の実現やフリーランス選択者への業務委託など，60 代後半の就業拡大が政策課題になっている．

　実際の中高年就業者の雇用形態をみると，男女ともに，60 歳を境にして「非正規化」が進んでいる．とくに 60 代後半では，非正規職員・

従業員が7割を占めている．そして日本の高齢者が就業を希望する理由は，「収入がほしいから」という理由がもっとも多く，続いて「働くのは体によいから，老化を防ぐから」という理由が続いていた．この健康上の理由を挙げている割合は，ドイツ，スウェーデン，アメリカにくらべて高くなっていた．

　就業を継続するにしろ，引退するにしろ，高齢期の生活では地域の比重が大きくなる．日本では，住み慣れた地域で可能な限り生活し続けるという「エイジング・イン・プレイス」という理念が強調されながら，地域環境に着目した研究は低調であった．しかし，近年の健康の社会的決定要因（SDH）に関する議論の高まりや，地域社会における社会的孤立に対する関心が高まるにつれて，日本においても「ソーシャル・キャピタル」や「集合的効力感」という概念が注目を集めるようになった．

　エイジング・イン・プレイスという観点からいえば，みずからの地域社会を住みやすい生活の場にしていこうという「まちづくり」の意識が，高齢者のボランティアといった地域貢献活動の活発化と関連していると考えられる．都市的生活様式論の見方によれば，ボランティア集団は，家族の諸機能が専門機関に移行する「生活の社会化」と，人びとの生活が個人単位に分化する「生活の個人化」が進んだ地域社会において，社会と個人を媒介する中間集団としての役割を果たしている．高齢者にとって，ボランティアは，従来のような慈善的なものではなく，社会貢献といったもう1つの生活様式の追求とみることができる（高橋 1996；原田・高橋 2000）．

　日本の高齢者のボランティア活動への参加状況をみると，「全く参加したことがない」という割合が，ドイツ，スウェーデン，アメリカにくらべて高かった．参加者の具体的な活動内容をみると，「地域行事，まちづくり活動」や「近隣の公園や通りなどの清掃等の美化活動」への参加率が15%程度と比較的高くなっていた．

143

2)　エイジズムの測定と関連要因

(1)　エイジズム研究の系譜と尺度開発

第 3 章では，国内外の高齢者に対する態度を測定する尺度開発の展開を整理したうえで，「どのように高齢者に対するエイジズムを測定するのか？」を検討した．

欧米における高齢者に対する態度研究は，包括的な尺度開発を皮切りに，SD 法を用いたステレオタイプの測定，加齢に関する知識の比較研究などが試みられるようになった．とくに 1990 年代以降は，確認的因子分析の導入にともない，多次元的なステレオタイプに関する研究とともに，エイジズムの直接的な測定が試みられるようになった．

日本においても，老人観や老人イメージといった高齢者に対する認知成分に関する研究がすすめられた．しかし，差別的な態度や高齢者との接触を回避するような感情成分を含めたエイジズムを定量化し標準的に利用可能な尺度は見当たらなかった．そこで筆者らは「日本語版 Fraboni エイジズム尺度短縮版」を作成した．

この FSA 短縮版は，①「高齢者には地域のスポーツ施設を使ってほしくない」などの「嫌悪・差別」，②「高齢者とは長い時間を過ごしたくない」などの「回避」，③「古くからの友人でかたまって，新しい友人をつくることに興味がない」などの「誹謗」の 3 因子 14 項目から成る尺度であり，一定の構成概念妥当性と信頼性を有していた（原田 2004）．

(2)　若年者におけるエイジズムの心理社会的要因

第 4 章では，FSA 短縮版を用いて「誰が高齢者を差別しているのか？」という若年者におけるエイジズムの心理社会的要因を検討した．

分析の結果，日頃から親しくしている高齢者が少ないほどエイジズム

が強いという「接触頻度」仮説は，「合計得点」「嫌悪・差別」「回避」
に対する 60 歳以上の親族数の影響および「回避」に対する 60 歳以上の
仕事仲間数の影響が確認され，部分的に支持された．しかし，もっとも
身近な高齢者である祖父母との同居経験の有無はエイジズムとの関連が
みられず，子ども・青年期における祖父母と孫の関係性の質が，高齢者
に対する態度を肯定的にも否定的にもする可能性が示唆された．

　加齢に関する事実を知らない者ほどエイジズムが強いという「知識」
仮説は支持された．この知見は，年をとるということが実際にどういう
ことなのかという情報提供および教育を通じて，思い込みによる固定観
念が弱まる可能性を示唆している．

　生活満足度が低い者，老後の生活に対する不安感が高い者ほどエイジ
ズムが強いという「不満・不安」仮説は，生活満足度の影響および「誹
謗」に対する老後不安感の影響が確認された．この欲求不満とエイジズ
ムの関連は，社会保障をめぐる世代間対立の問題につながる知見である．
そして老後の不安を払しょくするような，生活保障に関する正確な情報
提供もエイジズムの低減や解消には必要だと考えられる．

3）　職場と地域における世代間関係と幸福感

（1）　高齢者の若年者に対する否定的態度――もうひとつのエイジズム

　第 5 章では，第 4 章まで着目してきた若年者による高齢者に対する否
定的態度としてのエイジズムではなく，「もうひとつのエイジズム」と
よぶべき高齢者による若年者に対する否定的態度としてのエイジズムに
焦点を当て，「高齢者は若年者をどうみているのか？」について検討し
た．

　分析の結果，若年者との接触頻度が低い高齢者ほど若年者に対する否
定的態度を示すという「接触頻度」仮説は，高齢者全体の分析と就業者
のみの分析いずれにおいても，「合計得点」と「嫌悪・回避」に対する

接触頻度の影響が確認され，部分的に支持された．この結果は，第 4 章で検討した，若年者の高齢者に対するエイジズムに関する「接触頻度」仮説の知見と整合的である．つまり，異なる世代の者との会話といった日常的な接触は，ステレオタイプ的な誹謗といった認知成分ではなく，できるだけ異なる世代との交流を避けたいという感情成分と関連している．

　満足度が低い高齢者ほど若年者に対する否定的態度を示すという「不満」仮説は，高齢者全体の分析では支持されず，高齢就業者の「嫌悪・回避」を従属変数とした場合のみで支持された．職場満足度が低い高齢就業者が若年者を嫌悪し回避する傾向にあり，職場では，世代間コンフリクトが互いの世代に対する否定的態度として顕在化している可能性がある．

　次世代への関心が低い高齢者ほど若年者に対する否定的態度を示すという「世代継承性仮説」については，世代継承性の得点が低い者ほど若年者を「嫌悪・回避」する傾向がみられた一方で，世代継承性の得点が高い者ほど若年者を「誹謗」するという，相反する結果が得られた．この知見は「自分の経験や知識を次世代の人に伝えたいが，最近の若年者は物足りない」という高齢者の若年者に対するアンビバレントな（相矛盾した）態度として，あるいは未熟な若年者を年長者が導くべきであるという信念として解釈できるかもしれない．

　職場でのエイジズムを経験している高齢就業者ほど若年者に対する否定的態度を示すという「エイジズム経験」仮説は，「合計得点」と「誹謗」に対するエイジズム経験の影響が確認され，部分的に支持された．職場で年齢差別をうけた高齢者が若年者に対する否定的な態度を示すことは，ひいては若年者の高齢者に対する否定的な態度を強化するといった悪循環をもたらす可能性もあるだろう．

(2)　職場における世代間関係とメンタルヘルス

　第 6 章では，職場における世代間関係に焦点を当て，「職場でのエイジズムは幸福感を低下させるのか？」について検討した．

　分析の結果，職場でのエイジズムが抑うつ傾向で測定したメンタルヘルスに与える直接効果は有意でなく，職場満足度を介して抑うつに与える間接効果が有意であった．つまり，職場でエイジズムを経験している者ほど職場満足度が低く，その職場満足度の低さが抑うつ傾向の高さにつながっていた．とくに「会社人間」とよばれてきた高齢就業者では，職場におけるエイジズムが，組織における疎外感を生み出し，職場満足度を低下させている可能性がある．この知見は，職場におけるエイジズムが，職場満足度を介してメンタルヘルスに悪影響を及ぼす重要な心理社会的要因であることを示している．

　若年世代へのサポート提供は，職場満足度の高さをもたらしていたが，抑うつに対する効果は有意でなかった．さらに若年世代との否定的相互作用が多い者ほど，抑うつ傾向が高いという直接効果が確認された．高齢就業者にとって，サポートを提供する立場で居続けることが，自尊感情の維持などにつながり，職場満足度を高めているのかもしれない．さらに世代間関係上のストレインの少なさが，抑うつ傾向の低さにつながっていると考えられる．この知見の含意については，この後の政策的インプリケーションのセクションで詳しく議論したい．

(3)　地域におけるボランティア活動，集合的効力感と生活満足度

　第 7 章では，個人レベルの地域貢献としてのボランティア活動，地域レベルの集合的効力感と生活満足度の関連に着目して，「地域貢献している高齢者は幸せか？」について検討した．

　分析の結果，ボランティアという利他的な活動に参加している者ほど生活満足度が高く，地域におけるボランティアという役割取得が，高齢

者の幸福感にとって有益であることが示された．この知見は，サポート
の受領者ではなくサポートの提供者としての高齢者として，地域におけ
るエイジズムを解消し，プロダクティブ・エイジングを推進していくう
えで重要である．

　さらに，地域レベルの集合的効力感が高い地域に住んでいる者ほど生
活満足度が高かった．地域レベルの集合的効力感の高さは，公共サービ
スの質や量に影響を与えると考えられ，高齢者に対する手段的／情緒的
サポートを提供する，あるいは自己肯定感の源泉として作用する心理社
会的プロセスも想定される（Kawachi & Berkman 2000）．これらの観点
から，集合的効力感は，高齢期における生活満足度を左右する重要な地
域環境の指標であると考えられる．

2.　エイジズムの低減と解消──理論的インプリケーション

1)　年齢による隔離──社会的ネットワークへの期待

　老いの「近代化理論」が示唆していたように，人びとの人生の軌跡は
「教育・仕事・引退」という 3 つのステージに分節化されていった．こ
の分節化に対応した，マクロレベルにおける制度的・空間的な「年齢に
よる隔離（age segregation）」は，ミクロレベルのエイジズム，つまり高
齢者に対する否定的な認知・感情を強化していった（Hagestad & Uhlen-
berg 2005）．このようなプロセスのなかで，高齢者に対する敬意は失わ
れ，地域社会における「老人の知」の有用性は軽んじられていった（天
野 1999）．

　こうしたマクロレベルの年齢による隔離の効果は，メゾレベルの諸個
人の社会的ネットワークにおける「年齢の同質性（age homogeneity）」
といったかたちでも明白に表れている．日本の都市社会学においても頻

148

繁に引用されるフィッシャーの北カリフォルニア調査によれば，回答者とかれらが挙げた非親族との年齢の違いは平均で8歳であった．非親族関係のなかで隣人との年齢の違いは他の文脈の交際相手よりも大きく11歳，純粋な友人との年齢の違いはもっとも小さく6歳であった（Fischer 1982＝2002）．

　しかし，グラットンが予見するように，長寿化時代において人生のマルチステージ化がすすめば，「子ども・大人・高齢者」という年齢によって人びとを分離する仕組みが揺さぶられ，さまざまな年齢層が混ざり合う機会が増えるかもしれない．そうすれば，世代を越えた職場関係，隣人関係，友人関係が構築され，若年者と高齢者の社会的分断も少しは和らぐかもしれない（Gratton 2016＝2016）

　このような観点からみると，年齢による隔離がエイジズムを生み出し，さらにエイジズムが年齢による隔離を強化するという悪循環を壊すためには，後述する世代間の交流を促進するプログラムといった，メゾレベルの社会的ネットワークの機能に期待せざるを得ない（Hagestad & Uhlenberg 2005[2]）．

2)　「接触（頻度）」仮説の可能性

　本研究の知見は，日頃から親しくしている高齢の親族や仕事仲間数が少ない若年者ほど高齢者に対する否定的な感情を抱き，若年者との接触頻度が低い高齢者ほどできるだけ若年者との交流を避けたいという感情を抱いていることを示唆していた．

　これは，集団間の偏見や差別はお互いの接触機会を増やせば低減するという接触仮説の考え方をある程度支持しているかたちになる．実際に，人種差別に関して，学術的研究の枠を超えて，学校教育などの実践場面で有効性と有用性が高いと考えられてきた偏見の低減方略が「相手との接触」であった（浅井 2018[3]）．この接触仮説という表現は誤解を招きや

149

すいが，もちろん単なる接触それ自体で十分であるというわけではない．

　ルパート・ブラウンの整理によれば，膨大な数の研究が，集団間の接触は，それが一定の条件で行われるならば，偏見を低減できることを示してきた（Brown 1995＝1999）．その条件は，4 つである．第一は，接触を促進するための方策に社会的および制度的支持が存在することである．たとえば，人種，性および年齢に関する差別禁止法の制定などが，黒人や女性そして高齢者にたいするあからさまな差別を受け入れがたいものにし，あらたな社会的風土の創出に役立ったといえるだろう．

　第二に，接触は当該集団成員間の意味のある関係性を発達させることができるような，十分な頻度，期間，および密度の濃さで行われることが必要とされる．回数の少ない，短い期間の，薄っぺらな接触状況では，お互いの理解が進むどころか，もともともっていた偏見や差別を強化することさえあり得る．ある程度の親密な関係性が構築されることによって，外集団（たとえば若年者に対する高齢者）に関する正確な情報の獲得が進み，誤ったステレオタイプの修正につながるかもしれない．

　第三に，接触状況では当事者はできる限り対等な地位であることが求められる．人種差別に関する既存研究が示唆するように，上司と部下といった不平等な接触状況，つまり差別される側が従属的な役割を取る状況の接触は従来のステレオタイプを弱めるどころか強化しがちである．職場でいえば同僚といった対等な立場での接触が，偏見の低減には有効だろう．

　第四に，接触には目標の共有といった協同活動を含むことが必要である．この視点は，協同学習による偏見やステレオタイプ変容の研究として，おもに学校場面で用いられてきた．別々の集団の成員が共通した望ましい目標を達成するためには，お互いに友好的な関係性を構築する必要があり，結果として偏見の低減に役立つと考えられる．

　これらは，後述するエイジフリーな職場づくり，あるいは地域におけ

る世代間互酬といった実践的な方策を検討する際にも重要な視点になる．実際に，異なる年齢層の人たちが接触しあう機会が増えれば，先に述べた社会的ネットワークの同質性は崩れ始める．そうすれば若年者と高齢者がお互いを「外集団」とみなす状況は変わり始めるだろう．

3）　エイジズムの根底にある不満感

　本研究の知見は，若年者の日常生活における不満が，高齢者に対する否定的態度につながっている可能性を示していた．つまり，こうした不満が，自分たちとは異なる外集団への偏見や差別的な行動を呼び覚ますことを示唆している．これは，パルモアがエイジズムの個人的原因として挙げた「フラストレーション―攻撃」理論にかかわる論点である（Palmore 1999＝2002）．この線に沿って，本研究の理論的な含意を少し考えてみよう．

　こうした欲求不満を生み出している本当の原因は，給料といった経済的な理由であったり，家族や友人といった人間関係であったり，自分でも言語化できないもやもやした「何か」であったりする．あるいは，欲求不満が，自分自身の内的葛藤から生じている場合もあるだろう．そして，フラストレーションの源泉が会社組織などである場合，相手があまりに大きすぎるために，攻撃のしようがないのかもしれない．

　こうした状況下では，欲求不満のはけ口は，自分とかかわりのない外集団に向けられがちである．実際に，ヘイトスピーチのように，日常生活の不満が，何らかかわりのない外国人コミュニティの成員に向けられる場合がある．かれらは，欲求不満から生じた敵意のスケープゴート（身代わり）にされているわけである．こうした人種・民族にもとづく偏見や差別と同じように，年齢にもとづく差別や偏見も，自分たちとは異なる年齢集団を敵意のスケープゴートに仕立て上げているといえよう．このような攻撃は，「今の高齢者は年金などで優遇されすぎている」と

かといった何らかのかたちで正当化あるいは合理化されているのかもしれない．

4)　世代継承性——高齢者の「次世代を育む」という心性

ジェネラティビティとよばれる世代継承性とは，世代と創造性を組み合わせたエリクソンによる造語であり，次世代を育むという世代間継承にかかわる概念であった（Erikson & Erikson 1997＝2001）．具体的には，「次世代の創生とケアを意味し，①次世代を生み出すことと育てること，次世代の成長に深い関心を注ぎ，関与すること，②ものを生み出すこと・創造すること，③他者を支えることなど」が包含され，「職業を通じて社会に貢献し，次の世代を育てること，組織や社会そのものを発展させることをも含む」概念であった（岡本 2018）．

本研究の知見は，ボランティアといった利他的な活動に参加している中高年者ほど生活満足度が高いことを示していた．そして，世代継承性の得点が低い者，つまり次世代への関心が低い者ほど若年者を回避する傾向がみられた一方で，次世代への関心が高い者ほど若年者を誹謗するという，相反する結果を示していた．

この知見に関して，これまで次世代への関心は加齢にともない高まると考えられてきたが，中高年者の世代継承性の発達には，若年者との相互作用の質が重要であることが指摘されている．たとえば田渕恵らは，高齢者の世代継承性は，若年者からの肯定的なフィードバックがなければ継続的に発達しないことを明らかにしている（Tabuchi et al. 2015）．具体的にいえば，高齢者が地域などで若年者に対する援助をしても，支援を受けた若年者からの「感謝」や「尊敬」がなければ高齢者の世代継承性は高まらない．逆に，やんわりとした「拒否」といった否定的なフィードバックを受ければ，高齢者の世代継承性は低下してしまうのである．

　こうした世代間の相互作用を介して育まれる世代継承性は，以下で述べる政策的・実践的なインプリケーションにかかわる，職場あるいは地域における世代間関係の構築の鍵を握る概念ともいえるだろう．

3. エイジフリーな職場づくり

1）　高齢就業者のメンタルヘルス

　続いて，本研究の知見がもつ政策的なインプリケーションを，エイジフリーな職場づくりという観点から整理しておきたい．中高年就業者を対象とした分析結果は，職場におけるエイジズムが，職場満足度を低下させることによって，メンタルヘルスに悪影響を及ぼすことを示していた．

　企業側も，この10年余りで厚生労働省の「労働者の心の健康の保持増進のための指針」などにもとづき，職場におけるメンタルヘルス対策に取り組むようになった．一次予防は，メンタルヘルスケアの教育研修の実施や情報提供，メンタルヘルスの不調を未然に防止するための職場環境等の把握と改善である．実際に，事業所にお勤めの読者の皆さんは，心理的な負担の程度を把握するための検査（ストレスチェック）を定期的に受けているだろう．二次予防は，メンタルヘルスの不調に陥る就業者の早期発見・適切な対応などである．三次予防は，職場復帰支援と再発予防である．

　職場におけるメンタルヘルスという観点からいえば，精神保健分野における「職業性ストレス」研究では，仕事で要求されることと，自分で仕事をコントロールできる程度の比較からストレスをとらえる「仕事の要求度—コントロール（裁量）度」モデルが検討されてきた（Karasek 1979）．ここでいう仕事の要求度とは，「あまりに多すぎる仕事をこなす

153

ことを要求される」「仕事上，まちまちに食い違う指示や提案が出され
ることがある」，そして仕事のコントロール（裁量）度とは，「どのよう
に仕事をするかを，自分で自由に決めることができる」「あなた自身の
創意・工夫が求められる」などのことをさす．さらに，上司や同僚から
のサポートの受領を組み込んだ分析枠組みが検討されてきた（Johnson
& Hall 1988; Shimazu et al. 2004）．

　筆者らは，全国の 55〜64 歳の男性就業者を対象とした訪問面接調査
の結果から，職場でエイジズムを経験している者ほど，仕事満足度（仕
事内容・給料・労働時間などの 6 項目の評価を加算）が低いことを示した
（第 6 章の結果と一致している）．さらに，上司と同僚からの社会的サポー
トが，エイジズムが仕事満足度に及ぼす悪影響を緩衝することを明らか
にした．また，仕事の要求度が高い者ほど仕事満足度が低く，仕事のコ
ントロール（裁量）度が高い者ほど，仕事満足度が高かったのである
（Harada et al. 2019）．

　成瀬昂は，職場における良好な人間関係として，「関係性の調和（rela-
tional coordination）」の観点から，「気持ちよく情報を共有でき，心地良
い距離感が保てていること」を指摘している．そして具体的な実践のポ
イントとして，①情報交換の頻度がちょうどよい，②情報交換がタイム
リーに行われている，③正確な情報交換が行われている，④問題解決に
向かって会話ができる，⑤目標が共有されている，⑥お互いの役割を把
握している，⑦お互いに敬意を払っている点を挙げている（成瀬 2015）．

　以上の議論をふまえると，高齢就業者の職場環境とメンタルヘルスと
いう観点からみると，第一に「コントロール（裁量）度のある仕事」が
重要であることが分かる．実際に，とくに何十年も勤め上げてきた就業
者の場合，同じことを何度も繰り返すことが求められる仕事ではなく，
一定の裁量度のある仕事が望ましいだろう．実際に，60 歳以上の高齢
就業者が，「初歩的な職種」といった低い生産性の仕事に過度に従事し

ているという事実は，国際的にみても極めて珍しい（OECD 2018＝2020）．そして，本研究の知見が示唆していたように，サポートの受け手ではなく，若年就業者へサポートの送り手としての役割が，高齢就業者の職場満足度を高めることにつながるだろう．

　第二に「一定の距離感をもった職場における世代間関係」が必要とされる．本研究の知見も，苦労やストレスを感じる若年就業者との否定的相互作用がメンタルヘルスに悪影響を及ぼしていた．しかし，上司と部下の年齢が逆転するような職場環境の場合，年上の部下を放っておくわけにもいかないだろう．以下では，この若年就業者と高齢就業者の関係性に関するインプリケーションを掘り下げていきたい．

2)　若年就業者と高齢就業者の関係性──「補完」と「分離」

　先に整理した接触仮説にもとづく理論的インプリケーションによれば，①制度的な支持にもとづき，②一定期間に，③できるだけ対等的な地位で，④協同活動を展開することが，職場におけるエイジズムの低減につながる可能性を示唆していた．

　ステレオタイプと偏見の低減に関する社会心理学的な研究でも，肯定的な集団間接触を促進させるためには，集団成員それぞれが補足的な役割を担い，共通目標のために別々に貢献するような形で，接触状況を構成することが望ましいことが指摘されてきた．そして，それぞれの集団にとって，「ユニークで関連のある役割をもって社会的アイデンティティが達成されれば，肯定的な弁別性を協同的な関係の中で維持できる」と言われている（上瀬 2002）．

　これらの議論をふまえると，職場における若年就業者と高齢就業者の「補完」的な関係性の構築が鍵になる[4]．これは，若年者と高齢者が一緒に働くことの意義を問い直す作業といってもよいだろう．若年就業者は，PC をはじめとする情報コミュニケーション技術（ICT）に長けており，

あらたな技能への順応性が高い．また，労務職であれば体力面や，俊敏
性といった観点においても優れているだろう．一方，高齢就業者は，長
年にわたって培われ，さまざまな経験に裏打ちされた技能やノウハウを
もっている．そして，さきの世代継承性の議論で整理したように，次世
代にみずからの技能やノウハウを伝えたいと考えている高齢者は，若年
者との接触を回避しない．

　こうしたお互いの長所をいかした補完的な関係性の構築は，できるだ
け 1 対 1（ワン・オン・ワン）の協同作業として，職場に取り入れるべき
である[5]．なぜならば，「個人化した（personalization）」接触が繰り返さ
れると，ステレオタイプに不一致な情報に接する機会が増え，外集団
（＝高齢者）を単一のものとしてとらえる画一的な見方が低減する可能性
があるからである（上瀬 2002）．職場における世代間関係であれば，若
年就業者が，ペアを組む高齢就業者個人の技能やノウハウに直に接する
ことによって，職場における高齢者一般にたいする否定的な態度が変容
すると考えられる．とくにカンとかコツとよばれる属人的な知識や技術
に依拠してきた技能職などにおいては，こうした世代間の協同作業の重
要性は増すだろう[6]．

　ただし，すでに職場におけるエイジズムが蔓延してしまっている組織，
あるいは上記のような補完的な世代間関係が想定しにくい業種であれば，
若年就業者と高齢就業者と切り離してしまう「分離」的な関係性の方が
望ましいかもしれない．高齢就業者は，子育て中の若年就業者にくらべ
て，時間的制約は少ないだろう．とくに世代間の否定的な相互作用が，
おたがいの職場満足度やメンタルヘルスに悪影響を及ぼしているような
職場の場合，高齢就業者が，土日や早朝・夜間といった，若年就業者が
働きにくい時間帯に就業するというシェアの方法もあるだろう．こうし
た分離的な世代間関係の方が，個人レベル，そして組織レベルにおいて
もメリットがある場合も考えられる．いずれにしろ，関係性を維持する

ことだけを目的にすべきではない．状況に応じて関係性を断ち切ること
によって，対立からあらたな協調関係を構築するスタートを切ることが
できるのではないだろうか．

　補完的な関係を目指すにしろ，分離的な関係を目指すにしろ，「さま
ざまな年齢の従業員を活かす」という視点に立った，日本での「年齢マ
ネジメント（age management）」は，他の先進諸国とくらべて遅れてい
るといわれる（OECD 2018＝2020）．今後，国内外の優れた取り組み事例
を収集することによって，世代間のワークシェアリング，メンタルヘル
ス対策，労働時間管理などを含んだ年齢マネジメントの検討が求められ
る．

3）　職場で「年齢を基準にしない」ということ

　今日の高齢者は，20 年前の高齢者にくらべて，心身ともに若返って
いるという現象，また 70 歳までの就業確保の努力義務を課すという政
策的動向を鑑みても，職場において「年齢を基準にしない」ということ
が，今後ますます重要になっていく．

　そもそも「教育・仕事・引退」というライフステージの分節化，ひい
ては若年者と高齢者の隔離が定着する過程で大きな役割を果たしたのは，
一定の年齢による「定年退職」という企業の制度であった（Grat-
ton 2016＝2016）．もちろん，この定年退職制度があったからこそ，企業
は世代間対立を顕在化させることなく，高齢就業者に引退してもらい，
新卒の若年者を雇うことができたのである．退職や採用のみならず，昇
進や昇給をふくめて，企業で暗黙の了解で使用されてきた年齢という基
準は，人生 100 年のマルチステージの時代には，相応しくなくなってい
る．

　一方で，高齢就業者本人も，年齢が基準にならなくなれば，働き続け
る限り，みずからのスキルを磨き続ける必要が出てくる．引退は，企業

が設定した定年の年齢が決めるのではなく，みずから自発的に決めるも
のになるともいえるだろう．エイジフリーになればなるほど，ある意味，
引き際の美学が求められるのかもしれない．

　スキルの磨き直しという観点からいえば，リカレント教育の窓口が拡
大しつつある今，教育のステージをおえて働き始めても，いったん離職
して学びなおし，復職するというケースが増えていくだろう．また学び
なおしでなくても，育児や介護のために家庭に専念したいというワーク
ライフバランスの観点においても，これまで以上に「出入り自由な」職
場が増えていくだろう．しかし，誰でも出入り自由なわけではなく，当
然，そこで重要な基準となるのは，年齢ではなく，その人がキャリアを
通じて獲得してきたスキルである．

　しかし，日本の高齢就業者の場合，こうしたスキルを磨くための職業
訓練への参加率は，先進諸国のなかでももっとも低いレベルに位置して
いる（OECD 2018＝2020）．とくに，職場以外での訓練（Off the Job
Training）への参加率が低い．さらに，こうした高齢者がスキルを磨く
訓練への投資も，日本は他国より少ない．年齢を基準としない職場づく
りには，こうした生涯にわたるスキル形成への投資が，個人・企業・政
府レベルそれぞれにおいて求められるだろう[7]．

4．地域における世代間互酬

1）　高齢者の世代内互酬と世代間互酬

　理論的インプリケーションの冒頭で述べたように，年齢による隔離が
エイジズムを生み出し，さらにエイジズムが年齢による隔離を強化する
という悪循環を壊すためには，世代間の交流を促進する仕組みやプログ
ラムといった，メゾレベルの社会的ネットワーク（隣人関係，地域集団へ

の参加など）の機能に期待せざるを得ない.

　メゾレベルとしての地域における世代間関係という観点からいえば,
若年者が高齢者を支援する, あるいは高齢者が若年者を援助するという,
地域における「世代間互酬（reciprocity)」の構築が鍵になるだろう. 実
際に, 日本の高齢者は, 欧米諸国にくらべて, ボランティアの参加率自
体は低かったが, 地域行事やまちづくり活動への参加率は決して低くな
かった. エイジング・イン・プレイスという観点からいえば, みずから
の地域社会を住みやすい生活の場にしていこうという「まちづくり」意
識の高まりは, 高齢者のボランティア活動の活発化と密接に関連すると
考えられる.

　本研究の分析結果が示していたように, ボランティア活動をしている
高齢者ほど生活満足度が高かった. この知見は, サービスの受け手とし
てではなく, サービスの担い手として高齢者を位置づけ, 高齢者のプロ
ダクティビティ（生産性）をもっと社会に活かすといったポジティブな
枠組みへの転換が重要であることを裏づけている.

　実際に, 1980 年代後半以降に大都市近郊で展開するようになった住
民参加型在宅福祉サービス団体は, サービスの担い手も受けても自主的
に参加し相互に助け合うことを基本とする「メンバーシップ」によって
成り立っている点が特徴のひとつであった. 若年者と高齢者, どちらが
助ける側, どちらが助けられる側という枠組みではない組織づくりが,
幅広い年齢層にわたる地域住民の参加を可能にし, お互いの生活の重な
り合いをつくりだすことになっていたのである（原田・高橋 1999；原田
2009）.

　こうしたサービスの提供者と受給者がともに対等なメンバーシップを
とるという組織ガバナンスの原則は, 高齢者のプロダクティビティを活
かして,「世代間互酬」のみならず, 高齢者同士の相互扶助である「世
代内互酬」も促進したともいえる. こうした地域社会における世代間,

世代内の互助活動が重層的に展開していくことが，本研究で集合的効力感として測定した「近隣への信頼と期待」の醸成につながるだろう．

2)　世代間互酬をどのように地域に埋め込むのか？

それでは，このような世代間互酬は，どのように地域に埋め込むことができるだろうか．

たとえば近年，各自治体において公共施設（高齢者福祉施設，保育園，児童館，コミュニティセンター）の建て替えやリノベーション／コンバージョンが進められている．しかし，高齢者にとっては，保育所や学童クラブなどは，騒音をもたらす「迷惑施設」である．一方，若年者にとって，高齢者福祉施設は（自分の親が利用・入所しない限り）「不要施設」である．いずれも，お互い自分の裏庭にはほしくない「NIMBY（Not In My Backyard）施設」にしないためには，これらの施設の「機能の複合化」が不可欠である．今日の人口減少社会において，今ある建物をそのまますべて建て直すのは現実的ではないだろう．

実際に，子ども向けの施設と高齢者福祉施設などが一緒になった「幼老」複合施設は，一定程度の広がりをみせているといってよい．「老」と「幼」の組み合わせは，保育園とデイサービスセンター，あるいは児童館と特別養護老人ホームなど，さまざまである．今日，大都市部では保育園や学童保育の不足が社会問題になっているが，将来，逆に子ども向け施設の統廃合が進むことになっても，こうした複合施設であれば用途変更もしやすいだろう．さらに，介護事業を手掛ける民間企業でも，サービス付き高齢者向け住宅（サ高住）において，高齢者向けと一般向けの部屋が混在する高齢者住宅を運営している．今後，こうした日常生活での子どもとの接触が，高齢者にとってどのような効果があるのか（認知症の予防につながるのかなど）についての研究が進められていくだろう．

　また，「東京中高年者調査」の対象エリアに含まれていたニュータウンのような地域の場合，老朽化したマンションの建て替えやリノベーションによって，旧住民と新住民が混在する住区やマンションが現れてきた．分譲マンションであれば，おのずから管理組合の構成員も幅広い年齢層を含むようになる．実際に，こうした混住化が進んでいる地域では，夏祭りやクリスマス会といった親睦イベントや，お互いの生活課題を共有するミーティングなど，世代間交流をうながす「場」が設けられるようになっている．こうした交流が，地域への愛着や帰属感情を高めることにもつながるだろう．

　東京都健康長寿医療センターの「多世代共創社会のまちづくりマニュアル」によれば，とくに世代間交流の機会がすくない都市部においては，こうした交流しやすい「場」の設定が重要な要素として挙げられている．そして，このマニュアルでは，まずは交流の場での簡単な助け合いを「体験する」ことにより，「助けること」や「助けてもらうこと」を身近に感じてもらうことを目指している．「自分でも誰かを助けられる」「助けてもらうことはいいものだ」と感じることで，「ちょっとした助け合い」に発展し，ひいては地域で助け合いの輪が広がることが期待されている（東京都健康長寿医療センター 2019）．こうした指針は，さきに本研究の理論的インプリケーションの部分で整理した，協同作業をともなう世代間の接触によるエイジズムの低減，さらには世代間の相互作用を介して育まれる世代継承性といった視点と一致する．

5．職場と地域での生活を再設計する

　アランは，「幸福になろうと欲しなければ，絶対幸福になれない．これは，何にもまして明白なことだと，ぼくは思う．したがって，自分の幸福を欲しなければならない．自分の幸福をつくり出さねばならない」

と述べている（Alain 1928＝1998）．これは老いも若きも関係なく，幸福
を語る時の至言のひとつだろう．

　この幸福の追求という観点からいえば，本書の理論的・実証的な知見
が示唆していたのは，第一に，自分自身の人生を振り返り，これからの
人生を再設計することの意義である．人生100年時代といわれる超高齢
社会・日本において，60歳であろうが65歳であろうが，定年退職は人
生すごろくの「あがり」ではない．ただし，これまで「会社人間」であ
った人に，まったく別のライフスタイルを強要して「地域人間」になり
ましょうといっても現実的でないだろう．

　継続理論にもとづく幸福な老いは，ひとりひとりの長年にわたる経験
との連続性に依拠していた．これからの職業・地域キャリアの設計にお
いて，まず必要なことは，みずからの人生において喜びややりがいをも
たらしていた事柄は何か，苦しみや不安をもたらしていた事柄は何かを
振り返り，自分自身にフィードバックすることである[9]．今の自分を知ら
ずして，未来の自分の幸福を設計することはできないだろう．

　第二に，職場と地域における世代間関係でのサポートの提供が幸福感
の高さにつながっていた．本研究の結果は，高齢就業者にとって，自分
の技能や知識をいかして若年就業者にサポートを提供していることが，
職場満足度を高めていることを示していた．さらに，地域のボランティ
ア活動に参加している者ほど生活満足度が高かった．つまり，職場や地
域において，高齢者がやりがいのある一定の役割を持ち続けることが幸
福な老いにつながることを裏づけている．これらの知見は，エイジズム
の反論として提示されたプロダクティブ・エイジングという理念の意義
をわれわれに再認識させるものである．

　第三に，幸福を追求するための人生の再設計において無視できないの
が，どこで働くのか，どこに住むのかという文脈（コンテクスト）の重
要性であった．これまでの幸福感に関する研究では，この文脈の視点は

無視されがちであった（Diener 2008）．たとえば，幸福に老いるために
は「お金はいくら必要なのか？」という漠然とした不安は，金融庁の報
告書をきっかけとした「老後 2,000 万円問題」として表面化した．しか
し，少し考えてみればわかることだが，どこに住むのか，そこではどの
くらい生活費がかかるのか，さらにはどの程度の生活水準を望むかによ
って，幸福に老いるために必要なお金は異なるだろう．

　本研究の結果は，エイジズムという高齢者に対する偏見に満ちた職場
で働き続けることが，高齢就業者の満足度を低下させ，ひいてはこころ
の健康を害する可能性も示唆していた．一方で，集合的効力感が高い，
近隣への信頼と期待に支えられた地域に住んでいる高齢者ほど生活満足
度が高かった．つまり，高齢者の主観的幸福感は，個人レベルの属性や
行動といった要因だけでなく，職場や地域レベルの社会環境といった文
脈によっても左右されるのである．

　この観点からいえば，今日の企業や自治体行政の政策担当者に必要と
されるのは，「高齢者も働き続きましょう」「高齢者もボランティアをし
ましょう」という（なかば強制的な）声かけではない．職場や地域といっ
た文脈に着目した，就業継続や地域貢献をうながすような環境づくりだ
ろう．

6.　幸福な老いとエイジズム研究の射程——今後の課題

1)　エイジズムの内面化がもたらす影響

　それでは最後に，今後の幸福な老いとエイジズム研究の課題について
も言及しておきたい．

　第一は，エイジズムの内面化がもたらす影響に関する研究である．人
は誰でも年をとる．エイジズムを「高齢者に対する偏見・差別」と狭義

にとらえた場合でも，レイシズムやセクシズムとは異なり，誰もが差別の対象になりうる．ベッカ・リービーの「ステレオタイプ身体化（stereotype embodiment）」理論によれば，年齢ステレオタイプは，a）生涯を通じて内面化され，b）無意識的に機能し，c）加齢にもとない自分にかかわることとしての重要性を獲得し，d）心理・行動・生理的な経路で影響を及ぼすと考えられる（Levy 2009）．

　若いうちは，加齢に関するステレオタイプなどは，自分に関係ないこととして無視できるかもしれない．しかし，唐沢が指摘するように，われわれは「若いときに非自覚的に獲得した高齢者ステレオタイプが，みずからが高齢化した際に自己成就してしまうリスク」を十分に認識する必要があるだろう（唐沢 2018）．実際に日本におけるパネル調査研究においても，加齢に関する否定的なステレオタイプをもつことが高齢者において短命を予測する（＝肯定的なステレオタイプをもつことが長寿を予測する）ことが示されている（中川・安元 2019）．このような視点からも，正しい加齢に関する知識を伝えるといった老年学教育によって，エイジズムの低減を目指す必要があるだろう[10]．

2)　エイジズムとセクシズムの重複

　第二は，「ジェンダー化したエイジズム（gendered ageism）」とよばれる，エイジズムとセクシズムの重複，あるいはエイジズムの性差に関する検討である．これまでも，シモーヌ・ド・ボーヴォワールの『老い』やベティ・フリーダンの『老いの泉』をもちだすまでもなく，エイジズムという高齢者神話に対するフェミニズムからの異議申し立てが行われてきた．

　そこでは，「福祉国家のなかで『弱者』として保護されてきた女性や高齢者が，実際には，人間らしさを実現するはずの労働を奪われ，人間疎外の状況にあると説かれてきた」わけである（安川 2010）．実際にフ

リーダンは，今から 30 年以上も前に「若者，女性，高齢者の失業問題だけに対応しようとするのではなく，すべての勤労者に 1 日 6 時間労働制，1 週間当たりの労働日の短縮，年間当たりの労働日の選択性を広げること」を導入しようではないかと述べ，「働く」という概念の枠組みの拡大を主張していた（Friedan & Lazurus 1985＝1998）．

　日本においても，天野は「老人が神の化身とされるのも，男（翁）に限られたことであり，老賢人のイメージも女性とは無縁であった」ことを指摘し，ボーヴォワールに倣い「女性の若さの喪失を男性よりも無残で厭わしいものとする文化的意味付けは，洋の東西を問わず通文化的なものだ」と述べている（天野 1999）．

　現実に，中高年女性の労働力の上昇は男性にくらべて著しく，55〜64 歳女性の 3 人に 2 人は就業する時代になっている．欧米では，職場におけるジェンダー化したエイジズムに関する実証研究が蓄積されてきたのに対し，日本では職場におけるセクシズムをエイジズムという視点から分析するという視点は欠けていた．今後は，このエイジズムとセクシズムが交差する議論が，ますます重要になってくるだろう．

3)　エイジング・イン・（ワーク）プレイス

　第三は，住み慣れた地域で働き，幸福に老いる条件に関する検討である．

　郊外住宅地から満員電車に揺られて職場に通っていた「職住分離」のライフスタイルでは，住みやすい「地域環境」と，働きやすい「労働環境」はまったく別の話になってしまっていた．しかし，否が応でも地域で過ごす時間が長くなる高齢期においては「職住近接」のライフスタイルを構築する必要が出てくる．働きやすい労働環境を考えること，あるいは地域のシルバー人材センターでの就業，ボランティアなどの無償のプロダクティブな諸活動を推進しやすい環境を考えることは，住みやす

い地域環境を考えることにも重なり合ってくるだろう．つまり，エイジング・イン・ワークプレイス（＝職場で幸福に老いる）の条件を探究することは，エイジング・イン・プレイス（地域で幸福に老いる）の条件を探究することに近似してくる．

　この住み慣れた地域で幸福に老いるというエイジング・イン・プレイスの理念に関して，本研究は，集合的効力感が高齢期における生活満足度を左右する重要な地域環境の指標であることを示していた．今後は，こうした社会的環境だけでなく，物理的環境も視野に入れた研究を進める必要がある．さきにふれたように，現在，各自治体においてさまざまな公共施設の建て替えやリノベーション／コンバージョンが進められている．

　こうした公共施設をめぐる論点に関して，本研究で用いた「東京中高年者調査」によれば，いずれの自治体（墨田区，世田谷区，多摩市）でもバス・電車などの公共交通機関や商業施設に対する満足度は高かった．一方，図書館・美術館などの文化施設や体育館・プールなどのスポーツ施設に対する満足度が低くなっていた．

　このような文化やスポーツといった「都市におけるアメニティ（快適な環境）」の充実も，今日の自治体には求められているといえるだろう．公共施設に「どのように世代間交流／互酬を埋め込んでいくか」という論点とあわせて，今後は幸福な老いにつながる地域的な文脈（コンテクスト）について，より詳しく検討していきたい．

注

1　天野（1999）は，宮本常一の『忘れられた日本人』に収録された，村々で生きる無名の古老の語りから，利害の衝突しがちな村共同体のなかで，つねに共生の可能性を求めてきた老人の「知」のありようを見出している．老人の知がもつ有効性は「長年にわたる経験のなかで蓄えられてきたことだけにあるのではない．それが世俗の秩序に拘束されない自由さをもっているからである．（中略）そうした老いが生みだす知の遠近法や思考法を，老人たち

は身につけ，老人を囲む人たちのゆるやかな連帯が，彼らの知を生かすすべを知っていた」と述べている．

2　ハゲスタードらは，エイジズムに打ち勝つにはさまざまな年齢層からなる場における「安定的かつ持続的な相互作用」が不可欠であり，「時間」が相互作用プロセスにおける重要な次元であると述べている．さらに，エイジズムの解消には，「社会的アイデンティティ」「他者視点取得（perspective taking）」「マインドフルネス（mindfulness）」「情緒的な紐帯」といった社会的相互作用における 4 つの質的側面が重要であると指摘している（Hagestad & Uhlenberg 2005）．

3　接触仮説にもとづく偏見低減の方略に関する理論的発展については，浅井（2018）を参照．たとえば，直接的な接触に頼らない偏見の低減方略として，自分自身が外集団成員と友好的な接触をしていると「想像」することで偏見が低減されるとする「仮想接触仮説（imagined contact hypothesis）が提唱されている．たとえば，初対面の高齢者との出会いを想定させ，相手の容姿や会話内容などを具体的に想像するように求めると，こうした想像を一切しなかった場合と比較して，高齢者への態度が良くなるという．

4　太田（2017）は，企業における若年者と高齢者のあるべき関係について「互譲」と「補完」という観点から整理している．互譲は，「仕事や賃金を世代間でシェアすることを意味する．仕事を世代間でシェアする典型的な例としては，正社員が時間外に手掛けている業務を切り離して，高齢者が担当する形」が挙げられる．補完とは，「若年者と高齢者が仕事において互いに補う関係を構築すること」を指す．経済学的な議論に則れば「高齢者の存在が若年者の限界生産性を引き上げる，あるいは逆に，若年者の存在が高齢者の生産性を引き上げるような関係を目指すということである」と述べられている．

5　職場における関係性の構築において，ワン・オン・ワンミーティングの重要性が指摘されている．このワン・オン・ワンは，特定の部下の考えていることを上司が聴くことに徹する形態をとることが多いが，メンティー（指導される側）が話を聞いてもらいたいメンター（指導する側）を選ぶ形態もあるという．いずれにしろ，これは職場における感情の流れを円滑にするための取り組みとして位置づけられる（前野 2019）．

6　高齢者がもつ知識や技術という観点からいえば，「伝統社会においては，長年にわたる経験をふまえて，その体内に多くの知識や技術，慣習やしきたりを蓄積した老人は，たとえ肉体的には衰えて生産の第一線を退いたとしても，その社会にとって貴重な存在とされた」のである（中野 1992）．

7　高齢就業者のスキルを有効活用することは，生産性を向上させるだけでなく，本人の仕事満足度やメンタルヘルスの維持・改善にもつながるだろう．しかし国際比較調査の結果によれば，日本の高齢就業者は相対的に高い読解力と数的思考力をもっているにもかかわらず，職場でのスキルの活用度はほ

　　かの主要な OECD 諸国よりも低いことが指摘されている（OECD 2018＝
　　2020）.

8　天野（1999）は，都市社会のなかで「高齢者をかかえた家族が経験する困
　　難は，『資源』的に介護が可能かどうかだけにあるのではない」と述べ，「老
　　いた親と子の感情的な関係がいかに閉鎖的に囲いこまれやすいものか」と指
　　摘している．そして「自分の直面する問題（個別課題）が，実は都市社会で
　　老いをむかえるすべての人びとの共通の課題（地域課題）であることを認識
　　したとき，それが家庭内にとざされた『老後』や介護を地域へひらき，人び
　　との協同の活動にしていこうとする強力なバネとなった」と主張している.

9　ドーラン（2014＝2015）は，行動科学的なアプローチによる幸福論におい
　　て，「あなたは幸福に関して，さまざまな間違いを犯しているかもしれない.
　　その間違いを正すためにはどうすればよいだろう？　そのための有意義かつ
　　有効な方法は，何が快楽ややりがいをもたらして，何がもたらさないかにつ
　　いての直接的な『フィードバック』に注意を向け，その情報を未来の幸福に
　　ついて予想する際に活用することだ」と述べている.

10　筆者らが開発し，本書でも分析に用いた FSA 短縮版の問い合わせがもっ
　　とも多いのは，高齢者看護の分野の方々である．たしかに，学生が高齢者に
　　対する否定的なステレオタイプをもっていれば，高齢者看護・介護の分野を
　　進路として選択しないだろう．正しい加齢に関する知識を伝える老年学教育
　　によって，エイジズムの低減を目指すことは，高齢者看護・介護の人材育成
　　といった視点からも重要である.

あ と が き

　若年者が高齢者を差別しているのか，それとも高齢者が若年者に偏見をもっているのか．本書は，「年齢にもとづく偏見・差別」として定義されるエイジズムを鍵に，職場と地域における世代間関係を再考し，それらが高齢者の主観的幸福感にどのように作用しているのかを解明してきた．

　高齢者に対するエイジズムは，「嫌悪・差別」「回避」「誹謗」の３因子でとらえることができた．そして，加齢に関する知識が乏しく，生活満足度が低い若年者ほどエイジズムが強かった．他方，高齢者の若年者に対する否定的態度について，次世代への関心が低い高齢者，職場満足度が低い高齢就業者ほど，若年者を嫌悪し回避していた．さらに職場でのエイジズム経験は，若年者に対する否定的な認知につながっていた．

　一方で，自分の技能や知識をいかした若年就業者へのサポート提供が，高齢就業者の職場満足度の高さをもたらしていた．また地域のボランティア活動に参加している高齢者ほど，生活満足度が高かった．つまり，職場や地域において一定の役割を持ち続けるという（エイジズムの反論として提示された）プロダクティブ・エイジングの推進が，高齢者の幸福感にとって有益であることを示していた．

　さらに，幸福な老いのために無視できないのが，文脈（コンテクスト）の重要性であった．エイジズムに満ちた職場で働き続けることは，高齢就業者の満足度を低下させ，結果としてメンタルヘルスにも悪影響を及ぼしていた．一方で，集合的効力感が高い，近隣への信頼と期待に支えられた地域に住んでいる高齢者ほど生活満足度が高かった．つまり，幸

福な老いは，個人レベルの属性や行動といった要因だけでなく，職場や地域レベルの社会環境といった文脈によっても左右されるのである．以上が，本書のメッセージである．

　バートランド・ラッセルは，幸福をめぐる議論において，「仕事をおもしろくする要素は，2つある．1つは技術を行使すること，もう1つは建設である」と述べている．この第一の技術という要素に関して，研究者は，外国語能力や統計といった技術を身につけ，翻訳やデータ分析に楽しみややりがいを見出す．そして第二の建設性という要素に関して，研究者は，「その仕事が完成したときに1つのモニュメントとして残る」論文や単行本に，みずからの幸福を見出すのではないだろうか（Russell 1930＝1991）．

　エイジズムに関する原著論文を中心に1冊の書籍としてまとめるにあたって，本書の編集を担当し，企画の段階で的確なコメントをくださった橋本晶子さんに御礼申し上げたい．コロナ禍の世界のなかで，やりがいのある仕事に取り組むことができた．また，本書を手に取っていただいた方には，ぜひ勁草書房から刊行された前著『社会的ネットワークと幸福感——計量社会学でみる人間関係』もあわせて読んでいただきたい（原田 2017）．

　個人的に「あとがき」で，出版の経緯を知るのが好きなので，ここで少しばかり自分の生活史を振り返っておきたい．

　わたしは，早稲田大学3年次の大久保孝治先生のゼミでは，「昭和史と個人史——戦後をサラリーマンの妻として生きた女性たち」というテーマで，生活史調査データにもとづいた「人生の再検討——大衆長寿時代の生き方」というレポートを作成した．当時，先生に参考文献として渡されたデイビッド・プラースの『日本人の生き方』は，いま振り返っ

てみると，エイジングにかかわる諸問題を人間関係の視点から考えると
いうわたしの研究テーマの「道しるべ」になった気がする（Plath
1980＝1985）．卒論も，高齢社会における「死」をテーマにして，日本人
論的なアプローチでまとめたので，『日本的経営の系譜』などで知られ
る間宏先生に提出した（間 1963）．まじめに勉強に励んでいたとはいえ
ない大学時代であったが，こうした経験が，わたしの「日本人の幸福な
老い」に関する研究のスタートであったことは間違いない．

　4年次の秋元律郎先生の授業では，『変容する高齢者像——大都市高
齢者のライフスタイル』をはじめとする東京都立大学・都市研究所の都
市研究叢書を輪読した（森岡・中林編 1994）．これが1つのきっかけにな
り，「何か調査データをとって分析するのも面白そうだな」と都市社会
学の実証研究に目覚めたわたしは，東京都立大学大学院都市科学研究科
に進学した．修士課程の高橋勇悦先生の演習では，『高齢化とボランテ
ィア社会』を輪読した（高橋 1996）．どうやら当時から四半世紀近く経
ってから，わたしは高齢者の「生きがい」から「超高齢社会における幸
福とは何か」を考えるという，勇悦先生が手がけていた研究テーマにた
どりついたようである．

　さらに博士課程では，松本康先生から「都市と社会的ネットワーク」
に関するデファクトスタンダード（de facto standard）とよぶべき理論と
方法を学ぶことができた（松本編 1995）．本書でも取り上げたサンプソ
ンの論文を読んで，マルチレベル分析に関心をもつようになったのも，
先生の外書購読を中心としたゼミに参加していたころである．だいぶ時
間が経ってしまったが，先生方には，この本を教えていただいたことの
わたしなりの成果として受け取っていただきたい．

　本書は，「エイジズム調査」と「世代間関係調査」という大規模な標
本調査データがなければ成立しなかった．杉澤秀博先生を中心に企画・
実施された，若年者の就労と高齢者に対する意識に関する調査がなけれ

ば，そもそもわたしがエイジズム研究を手がけることはなかっただろう．また高齢（就業）者が，若年者をどのようにみているのかという「もうひとつのエイジズム」という視点は，小林江里香さんの世代間関係の意識と実態に関する調査がなければうまれなかった．お2人をはじめ，本書の柱となった論文の共著者の先生方には，あらためて御礼申し上げたい．

　最後に，本書で用いた3つの調査にご協力いただいた対象者の方々，家族，そして読者の皆様に心より感謝したい．この1冊が，ひとりひとりの「幸福な人生のデザイン」の一助になれば幸いである．

　　　2020 年 8 月

　　　　　　　　　　　　　　　　　　　　　　　原田　謙

文　献

Adorno, T., Frenkel-Brenswik, E., Levinson, D. J., & Sanford, R. N.（1950）. *The authoritarian personality*. New York: Harper & Row.

Ahern, J., & Galea, S.（2011）. Collective efficacy and major depression in urban neighborhoods. *American Journal of Epidemiology*, 173（12）, 1453–1462.

赤枝尚樹（2018）.「集合的効力感と well-being――不利の集積との交互作用に注目して」小林大祐編『2015 年 SSM 調査報告書 9 意識 II』2015 年 SSM 調査研究会，103–117.

秋山弘子（2012）.「サクセスフルエイジング」高橋惠子・湯川良三・安藤寿康・秋山弘子編『発達科学入門 3 青年期～後期高齢期』東京大学出版会，237–250.

Alain.（1928）. *Propos sur le bonheur*. Paris: Gallimard.（神谷幹夫訳（1998）.『アラン幸福論』岩波書店.）

Allport, G. W.（1958）. *The nature of prejudice*. New York: Doubleday and Company.（原谷達夫・野村昭訳（1961）.『偏見の心理（上・下）』培風館.）

天田城介（2003）.『〈老い衰えゆくこと〉の社会学』多賀出版.

天野正子（1999）.『老いの近代』岩波書店.

浅井暢子（2018）.「偏見の低減と解消」北村英哉・唐沢穣編『偏見や差別はなぜ起こる？――心理メカニズムの解明と現象の分析』ちとせプレス，73–93.

Atchley, R.C.（1999）. *Continuity and adaptation in aging: Creating positive experiences*. Baltimore: The Johns Hopkins University.

Baltes, P. B.（1997）. On the incomplete architecture of human ontogeny: Selection, optimization, and compensation as foundation of developmental theory. *American Psychologist*, 52（4）, 366–380.

Baron, R. M., & Kenny, D. A.（1986）. The moderator-mediator variable distinction in social psychological research: Conceptual, strategic, and statistical considerations. *Journal of Personality and Social Psychology*, 51（6）, 1173–1182.

Bass, S. A., & Oka, M.（1995）. An older-worker employment model: Japan's silver human resource centers. *The Gerontologist*, 35（5）, 679–682.

文　献

Brown, B., Perkins, D. D., & Brown, G.（2003）. Place attachment in a revitalizing neighborhood: Individual and block levels of analysis. *Journal of Environmental Psychology*, 23（3）, 259–271.

Brown, R.（1995）. *Prejudice: Its social psychology*. Oxford: Blackwell.（橋口捷久・黒川正流訳（1999）.『偏見の社会心理学』北大路書房.）

Browning, C. R., & Cagney, K. A.（2002）. Neighborhood structural disadvantage, collective efficacy, and self-rated physical health in an urban setting. *Journal of Health and Social Behavior*, 43（4）, 383–399.

Butler, R. N.（1969）. Age-ism: Another form of bigotry. *The Gerontologist*, 9, 243–246.

Butler, R. N.（1975）. *Why survive: Being old in America*. New York: Harper & Row.（グレッグ・中村文子訳（1991）.『老後はなぜ悲劇なのか？──アメリカの老人たちの生活』メヂカルフレンド社.）

Butler, R. N.（1995）. Ageism. In G. L. Maddox（Ed.）, *The encyclopedia of aging*（2nd ed., pp. 35–36）. New York: Springer.

Butler, R. N. & Gleason, H. P.（1985）. *Productive aging: Enhancing vitality in later life*. New York: Springer.（岡本祐三訳（1998）.『プロダクティブ・エイジング──高齢者は未来を切り開く』日本評論社.）

Cary, L. A., Chasteen, A. L., & Remedios, J.（2017）. The ambivalent ageism scale: Developing and validating a scale to measure benevolent and hostile ageism. *The Gerontologist*, 57（2）, 27–36.

Cheng, S.（2009）. Generativity in later life: Perceived respect from younger generations as a determinant of goal disengagement and psychological well-being. *Journals of Gerontology Series B: Psychological Sciences and Social Sciences*, 64（1）, 45–54.

Chou, R. J. A., & Choi, N. G.（2011）. Prevalence and correlates of perceived workplace discrimination among older workers in the United States of America. *Ageing & Society*, 31（6）, 1051–1070.

Chu, L., Lay, J. C., Tsang, V. H. L., & Fung, H. H.（2020）. Attitudes toward aging: A glance back at research developments over the past 75 years. *Journals of Gerontology Series B: Psychological Sciences and Social Sciences*, 75（6）, 1125–1129.

Cohen, S., & Wills, T. A.（1985）. Stress, social support, and the buffering hypothesis. *Psychological Bulletin*, 98 (2), 310–357.

Cowgill, D. O. (1974). Aging and modernization: A revision of the theory. In J. F. Gubrium (Ed.), *Late life: Communities and environmental policy* (pp. 123–146). Springfield: Charles & Thomas.

Cumming, E., & Henry, W. E. (1961). *Growing old, the process of disengagement*. New York: Basic Books.

Danziger, K. (1997). *Naming the mind: How psychology found its language*. London: Sage. (河野哲也監訳 (2005).『心を名づけること──心理学の社会的構成』勁草書房.)

Dassopoulos, A., & Monnat, S. M. (2011). Do perceptions of social cohesion, social support, and social control mediate the effects of local community participation on neighborhood satisfaction? *Environment and Behavior*, 43 (4), 546–565.

Diener, E. (1984). Subjective well-being. *Psychological Bulletin*, 95, 542–575.

Diener, E. (2008). Myths in the science of happiness, and directions for future research. In M. Eid & R. J. Larsen (Eds.), *The science of subjective well-being* (pp. 493–514). New York: Guilford Press.

Diener, E., Suh, E. M., Lucas, R. E., & Smith, H. L. (1999). Subjective well-being: Three decades of progress. *Psychological Bulletin*, 125 (2), 276–302.

Dimotakis, N., Scott, B. A., & Koopman, J. (2011). An experience sampling investigation of workplace interactions, affective states, and employee well-being. *Journal of Organizational Behavior*, 32 (4), 572–588.

Dolan, P. (2014). Happiness by design: Change what you do, not how you think. New York: Penguin. (中西真雄美訳 (2015).『幸せな選択, 不幸な選択──行動科学で最高の人生をデザインする』早川書房.)

Dollard, J., Miller, N. E., Doob, L. W., Mowrer, O. H., & Sears, R. R. (1939). Frustration and aggression. New Haven: Yale University Press.

Duncan, C. (2003). Assessing anti-ageism routes to older worker re-engagement. *Work, Employment and Society*, 17 (1), 101–120.

Duncan, C., & Loretto, W. (2004). Never the right age? gender and age-based discrimination in employment. *Gender, Work & Organization*, 11 (1), 95–115.

Duncan, L. A., & Schaller, M. (2009). Prejudicial attitudes toward older adults may be exaggerated when people feel vulnerable to infectious disease: Evidence and implications. *Analyses of Social Issues and Public Policy*, 9 (1), 97–115.

Erikson, E. H., & Erikson, J. M. (1997). *The life cycle completed*, Expanded ed. New York: Norton. (村瀬孝雄・近藤邦夫訳 (2001).『ライフサイクル ——その完結 (増補版)』みすず書房.)

Faragher, E. B., Cass, M., & Cooper, C. L. (2005). The relationship between job satisfaction and health: A meta-analysis. *Occupational and Environmental Medicine*, 62 (2), 105–112.

Ferraro, K. F. (2018). *The gerontological imagination: An integrative paradigm of aging*. New York: Oxford University Press.

Fischer, C. S. (1982). *To dwell among friends: Personal networks in town and city*. Chicago: The University of Chicago Press. (松本康・前田尚子訳 (2002).『友人のあいだで暮らす』未来社.)

Fischer, J. A., & Sousa-Poza, A. (2009). Does job satisfaction improve the health of workers? new evidence using panel data and objective measures of health. *Health Economics*, 18 (1), 71–89.

Fraboni, M., Saltstone, R., & Hughes, S. (1990). The Fraboni Scale of Ageism (FSA): An attempt at a more precise measure of ageism. *Canadian Journal on Aging*, 9 (1), 56–66.

Friedan, B., & Lazarus, M. Opportunities: A dialogue between Betty Friedan and Maurice Lazarus. In R. N. Butler, & H. P. Gleason, (1985). *Productive aging: Enhancing vitality in later life*. New York: Springer. (岡本祐三訳 (1998).「対話」『プロダクティブ・エイジング——高齢者は未来を切り開く』 日本評論社, 151–166.)

藤原佳典・渡辺直紀・西真理子・李相侖・大場宏美・吉田裕人 … 天野秀紀 (2007).「児童の高齢者イメージに影響をおよぼす要因—— "REPRINTS" 高齢者ボランティアとの交流頻度の多寡による推移分析から」『日本公衆衛生雑誌』54 (9), 615–625.

福川康之 (2007).『老化とストレスの心理学——対人関係論的アプローチ』弘文堂.

Giddens, A. (1990). *The consequences of modernity*. Cambridge: Polity Press.

（松尾精文・小幡正敏訳（1993）.『近代とはいかなる時代か？――モダニティの帰結』而立書房.）

Goode, W. J.（1960）. A theory of role strain. *American Sociological Review*, 25, 483–496.

Gratton, L., & Scott, A. J.（2016）. *The 100–year life: Living and working in an age of longevity*. London: Bloomsbury Publishing.（池村千秋訳（2016）.『LIFE SHIFT（ライフ・シフト）―― 100 年時代の人生戦略』東洋経済新報社.）

Hagestad, G. O., & Uhlenberg, P.（2005）. The social separation of old and young: A root of ageism. *Journal of Social Issues*, 61（2）, 343–360.

Hale, N. M.（1998）. Effects of age and interpersonal contact on stereotyping of the elderly. *Current Psychology*, 17（1）, 28–38.

濱口桂一郎（2014）.『日本の雇用と中高年』筑摩書房.

原田謙（2002）.「ネットワーク特性と家族意識――伝統的規範と非通念的な結婚観に対する許容度に関連する要因」『総合都市研究』78, 95–107.

原田謙（2009）.「郊外地区における女性の地域活動の現在――住民参加型在宅福祉サービス団体の形成と展開」玉野和志・浅川達人編『東京大都市圏の空間形成とコミュニティ』古今書院, 267–281.

原田謙（2012）.「セカンドライフの設計」高橋惠子・湯川良三・安藤寿康・秋山弘子編『発達科学入門3 青年期～後期高齢期』東京大学出版会, 153–164.

原田謙（2016）.「社会学の系譜から地域の文脈効果を再考する――集合的効力感に着目したソーシャル・キャピタル研究」『老年社会科学』37（4）, 447–455.

原田謙（2017）.『社会的ネットワークと幸福感――計量社会学でみる人間関係』勁草書房.

原田謙（2018a）.「高齢化と地域社会」森岡清志・北川由紀彦編『都市と地域の社会学』放送大学教育振興会, 141–152.

原田謙（2018b）.「都市の地域集団（2）――ボランティア・NPO」森岡清志・北川由紀彦編『都市と地域の社会学』放送大学教育振興会, 128–140.

原田謙・杉澤秀博（2015）.「居住満足度に関連する要因――地域環境に着目したマルチレベル分析」『理論と方法』30（1）, 101–115.

原田謙・杉澤秀博・柴田博（2009）.「高齢者のシルバー人材センターの退会に関連する要因」『老年社会科学』31（3）, 350–358.

Harada, K., Sugisawa, H., Sugihara, Y., Yanagisawa, S., & Shimmei, M.

(2018). Social support, negative interactions, and mental health: Evidence of cross-domain buffering effects among older adults in Japan. *Research on Aging*, 40 (4), 388–405.

Harada, K., Sugisawa, H., Sugihara, Y., Yanagisawa, S., & Shimmei, M. (2019). Perceived age discrimination and job satisfaction among older employed men in Japan. *International Journal of Aging & Human Development*, 89 (3), 294–310.

原田謙・杉澤秀博・山田嘉子・杉原陽子・柴田博 (2004).「日本語版 Fraboni エイジズム尺度 (FSA) 短縮版の作成——都市部の若年男性におけるエイジズムの測定」『老年社会科学』26 (3), 308–319.

原田謙・高橋勇悦 (1999).「住民参加型在宅福祉サービス団体の形成過程とその介助関係——サービス生産協同組合「グループたすけあい」を事例に」『総合都市研究』69, 119–135.

原田謙・高橋勇悦 (2000).「ボランティア活動と地域社会の形成」高橋勇悦・大坪省三編『社会変動と地域社会の展開』学文社, 163–176.

Harris, D. K. (2007). *The sociology of aging* (3rd ed.). Lanham: Rowman & Littlefield.

Hassell, B. L., & Perrewé, P. L. (1993). An examination of the relationship between older workers' perceptions of age discrimination and employee psychological states. *Journal of Managerial Issues*, 5 (1), 109–120.

間宏 (1963).『日本的経営の系譜』日本能率協会.

Herzog, A. R., & House, J. S. (1991). Productive activities and aging well. *Generations: Journal of the American Society on Aging*, 15 (1), 49–54.

堀薫夫 (1996).「「エイジングへの意識」の世代間比較」『老年社会科学』17 (2), 138–147.

堀薫夫 (1999).『教育老年学の構想——エイジングと生涯学習』学文社.

堀薫夫・大谷英子 (1995).「高齢者への偏見の世代間比較に関する調査研究——The Facts on Aging Quiz を用いて」『大阪教育大学紀要第Ⅳ部門』44 (1), 1–12.

保坂久美子・袖井孝子 (1988).「大学生の老人イメージ——SD 法による分析」『社会老年学』27, 22–33.

Huang, L. H. (2019). Well-being and volunteering: Evidence from aging societies in Asia. *Social Science & Medicine*, 229, 172–180.

Hummert, M. L.（1990）. Multiple stereotypes of elderly and young adults: A comparison of structure and evaluations. *Psychology and Aging*, 5（2）, 182 –193.

Hummert, M. L., Garstka, T. A., Shaner, J. L., & Strahm, S.（1994）. Stereotypes of the elderly held by young, middle-aged, and elderly adults. *Journal of Gerontology*, 49（5）, 240–249.

稲葉陽二（2011）.『ソーシャル・キャピタル入門――孤立から絆へ』中公新書.

Intrieri, R. C., von Eye, A., & Kelly, J. A.（1995）. The aging semantic differential: A confirmatory factor analysis. *The Gerontologist*, 35（5）, 616–621.

石井国雄・田戸岡好香（2015）.「感染症脅威が日本における高齢者偏見に及ぼす影響の検討」『心理学研究』86（3）, 240–248.

伊藤泰郎（2000）.「社会意識とパーソナルネットワーク」森岡清志編『都市社会のパーソナルネットワーク』東京大学出版会，141–159.

Johnson, J. V., & Hall, E. M.（1988）. Job strain, work place social support, and cardiovascular disease: A cross-sectional study of a random sample of the Swedish working population. *American Journal of Public Health*, 78（10）, 1336–1342.

Kafer, R. A., Rakowskl, W., Lachman, M., & Hickey, T.（1980）. Aging opinion survey: A report on instrument development. *The International Journal of Aging and Human Development*, 11（4）, 319–333.

Kalavar, J. M.（2001）. Examining ageism: Do male and female college students differ? *Educational Gerontology*, 27（6）, 507–513.

上瀬由美子（2002）.『ステレオタイプの社会心理学――偏見の解消に向けて』サイエンス社.

唐沢かおり（2018）.「高齢者」北村英哉・唐沢穣編『偏見や差別はなぜ起こる？――心理メカニズムの解明と現象の分析』ちとせプレス，203–219.

Karasek Jr, R. A.（1979）. Job demands, job decision latitude, and mental strain: Implications for job redesign. *Administrative Science Quarterly*, 24（2）, 285–308.

Kawachi, I., & Berkman, L. F.（2000）. Social cohesion, social capital, and health. In L. F. Berkman & I. Kawachi（Eds.）, *Social epidemiology*（pp. 174–190）. New York: Oxford.

Kawachi, I., Subramanian, S. V., & Kim, D.（2008）. Social capital and health: A decade of progress and beyond. In I. Kawachi, S. V. Subramani-an & D. Kim (Eds.), *Social capital and health* (pp. 1–26). New York: Springer.（高尾総司訳（2008）.「ソーシャル・キャピタルと健康——これまでの10年間と今後の方向性」藤澤由和・高尾総司・濱野強監訳『ソーシャル・キャピタルと健康』日本評論社，9–48.）

Kaye, L. W., & Alexander, L. B. (1995). Perceptions of job discrimination among lower-income, elderly part-timers. *Journal of Gerontological Social Work*, 23 (3–4), 99–120.

Kessler, R. C., Andrews, G., Colpe, L. J., Hiripi, E., Mroczek, D. K., Nor-mand, S., ... Zaslavsky, A. M. (2002). Short screening scales to monitor population prevalences and trends in non-specific psychological distress. *Psychological Medicine*, 32 (6), 959–976.

Kilty, K. M., & Feld, A. (1976). Attitudes toward aging and toward the needs of older people. *Journal of Gerontology*, 31 (5), 586–594.

金恵京・杉澤秀博・岡林秀樹・深谷太郎・柴田博（1999）.「高齢者のソーシャル・サポートと生活満足度に関する縦断研究」『日本公衆衛生雑誌』46 (7), 532–541.

北岡孝義（2015）.『ジェネレーションフリーの社会——日本人は何歳まで働くべきか』CCC メディアハウス.

Kite, E. K., & Wagner, L. S. (2002). Attitudes toward older adults, In T. D. Nelson (Ed.), *Ageism: Stereotyping and prejudice against older persons* (pp. 129–161). Cambridge: The MIT Press.

小林江里香・深谷太郎・原田謙・村山陽・高橋知也・藤原佳典（2016）.「中高年者を対象とした地域の子育て支援行動尺度の開発」『日本公衆衛生雑誌』63 (3), 101–112.

小林江里香・深谷太郎・杉原陽子・秋山弘子（2014）.「高齢者の主観的ウェルビーイングにとって重要な社会的ネットワークとは——性別と年齢による差異」『社会心理学研究』29 (3), 133–145.

Kogan, N. (1961). Attitudes toward old people: The development of a scale and an examination of correlates. *The Journal of Abnormal and Social Psychology*, 62 (1), 44–54.

Kohli, M., Rein, M., Guillemard, A. M., & van Gunsteren, H. (Eds.). (1991). *Time for retirement: Comparative studies of early exit from the labor force.*

New York: Cambridge University Press.

国立社会保障・人口問題研究所（2020）「人口統計資料集」http://www.ipss.go.
jp/syoushika/tohkei/Popular/Popular2020.asp?chap=0

近藤絢子（2014）.「雇用確保措置の義務化によって高齢者の雇用は増えたのか
　──高年齢者雇用安定法改正の政策評価」『日本労働研究雑誌』56（1），13-22.

Koyano, W.（1989）. Japanese attitudes toward the elderly: A review of re-
search findings. *Journal of Cross-Cultural Gerontology*, 4（4），335-345.

古谷野亘（2002）.「現代日本の高齢者観」『老年精神医学雑誌』13（8），877-882.

古谷野亘（2008）.「サクセスフル・エイジング」古谷野亘・安藤孝敏編『改訂・
新社会老年学』ワールドプランニング，139-162.

Koyano, W., Inoue, K., & Shibata, H.（1987）. Negative misconceptions about
aging in Japanese adults. *Journal of cross-cultural Gerontology*, 2（2），131
-137.

古谷野亘・児玉好信・安藤孝敏・浅川達人（1997）.「中高年の老人イメージ──
SD 法による測定」『老年社会科学』18（2），147-152.

古谷野亘・柴田博・芳賀博・須山靖男（1989）.「生活満足度尺度の構造──主観
的幸福感の多次元性とその測定」『老年社会科学』11, 99-115.

Kreft, I. & Leeuw, J. D.（1998）. *Introducing multilevel modeling*. London:
Sage.（小野寺孝義編訳（2006）.『基礎から学ぶマルチレベルモデル──入り
組んだ文脈から新たな理論を創出するための統計手法』ナカニシヤ出版.）

Larson, R.（1978）. Thirty years of research on the subjective well-being of
older Americans. *Journal of Gerontology*, 33（1），109-125.

Lawton, M. P.（1975）. The Philadelphia geriatric center morale scale: A revi-
sion. *Journal of Gerontology*, 30（1），85-89.

Lawton, M. P., & Simon, B.（1968）. The ecology of social relationships in
housing for the elderly. *The Gerontologist*, 8（2），108-115.

Lemon, B. W., Bengtson, V. L., & Peterson, J. A.（1972）. An exploration of
the activity theory of aging: Activity types and life satisfaction among
in-movers to a retirement community. *Journal of Gerontology*, 27（4），511
-523.

Levy, B.（2009）. Stereotype embodiment: A psychosocial approach to aging.
Current Directions in Psychological Science, 18（6），332-336.

Li, Y., & Ferraro, K. F.（2005）. Volunteering and depression in later life:

Social benefit or selection processes?. *Journal of Health and Social Behavior*, 46（1）, 68–84.

Liang, J.（1984）. Dimensions of the Life Satisfaction Index A: A structural formulation. *Journal of Gerontology*, 39（5）, 613–622.

Lincoln, K. D.（2000）. Social support, negative social interactions, and psychological well-being. *Social Service Review*, 74（2）, 231–252.

Longino Jr, C. F., & Kart, C. S.（1982）. Explicating activity theory: A formal replication. *Journal of Gerontology*, 37（6）, 713–722.

Loretto, W., Duncan, C., & White, P. J.（2000）. Ageism and employment: Controversies, ambiguities and younger people's perceptions. *Ageing & Society*, 20（3）, 279–302.

Macdonald, J. L., & Levy, S. R.（2016）. Ageism in the workplace: The role of psychosocial factors in predicting job satisfaction, commitment, and engagement. *Journal of Social Issues*, 72（1）, 169–190.

前田大作（1979）.「大都市青壮年の老人観および老親に対する責任意識」『社会老年学』10, 3–22.

前田大作・マービン B．サスマン（1980）.「青壮年の老人観および老親に対する責任意識──日米比較」『社会老年学』12, 29–40.

前田惠利・谷村千華・大庭桂子・野口佳美（2009）.「看護学生の将来の高齢者ケア選択への関連要因」『老年看護学』13（2）, 65–71.

前野隆司（2013）.『幸せのメカニズム──実践・幸福学入門』講談社.

前野隆司（2019）.『幸せな職場の経営学──「働きたくてたまらないチーム」の作り方』小学館.

Marshall, V. W.（2007）. Advancing the sociology of ageism. *Social Forces*, 86（1）, 257–264.

松本康編（1995）.『増殖するネットワーク』勁草書房.

松尾真佐美・谷口幸一（2006）.「高齢者福祉施設職員の高齢者観とその関連要因」『高齢者のケアと行動科学』12（1）, 35–40.

松下正明（2017）.「エイジズムから尊厳に満ちた地域社会へ──Butler RN の業績と 3A（Ageism, Abuse, Annihilation）現象」『老年精神医学雑誌』28（5）, 447–457.

Mills, C. W.（1959）. *The sociological imagination*. New York: Oxford University Press.（鈴木広訳（1995）.『社会学的想像力』紀伊國屋書店.）

宮島喬編（2003）.『岩波小辞典　社会学』岩波書店.

森岡清志・中林一樹編（1994）.『変容する高齢者像――大都市高齢者のライフスタイル』日本評論社.

森戸英幸（2009）.「エイジフリーの法政策――労働市場アプローチか，人権保障アプローチか」鶴光太郎・樋口美雄・水町勇一郎編『労働市場制度改革――日本の働き方をいかに変えるか』日本評論社，119-151.

Morrison, R. L. (2008). Negative relationships in the workplace: Associations with organisational commitment, cohesion, job satisfaction and intention to turnover. *Journal of Management & Organization*, 14 (4), 330–344.

Morrow-Howell, N. (2010). Volunteering in later life: Research frontiers. *Journals of Gerontology Series B: Psychological Sciences and Social Sciences*, 65 (4), 461–469.

Morrow-Howell, N., Hinterlong, J., Rozario, P. A., & Tang, F. (2003). Effects of volunteering on the well-being of older adults. *The Journals of Gerontology Series B: Psychological Sciences and Social Sciences*, 58 (3), S137–S145.

村山陽・竹内瑠美・山口淳・山上徹也・金田利子・多湖光宗・藤原佳典（2017）.「幼老複合施設における世代間交流の可能性と課題」『老年社会科学』38 (4)，427-436.

Nahum-Shani, I., Bamberger, P. A., & Bacharach, S. B. (2011). Social support and employee well-being: The conditioning effect of perceived patterns of supportive exchange. *Journal of Health and Social Behavior*, 52 (1), 123–139.

内閣府（2011）「幸福度に関する研究会報告――幸福度指標試案（概要）」https://www5.cao.go.jp/keizai2/koufukudo/pdf/koufukudosian_gaiyou.pdf

内閣府（2017）『高齢社会白書　平成29年版』日経印刷.

内閣府（2019）『高齢社会白書　令和元年版』日経印刷.

中川威・安元佐織（2019）.「加齢に対するポジティブなステレオタイプは高齢者において長寿を予測する」『老年社会科学』41 (3)，270-277.

中原純（2019）.「中高年者の自己概念と主観的well-beingの関係――活動理論の再考を通して」『老年社会科学』41 (3)，342-347.

中野いく子（1991）.「児童の老人イメージ――SD法による測定と要因分析」『社

文 献

会老年学』34, 23-36.

中野新之祐（1992）.「教科書にみる「老人」の社会史」中村桂子・宮田登ほか著『老いと「生い」――隔離と再生』藤原書店，95-126.

中谷陽明（1991）.「児童の老人観；老人観スケールによる測定と要因分析」『社会老年学』34, 13-22.

直井道子（2001）.『幸福に老いるために――家族と福祉のサポート』勁草書房.

成田健一（2008）.「高齢者を取り巻く社会的環境」権藤恭之編『高齢者心理学』朝倉書店，41-63.

成瀬昂（2015）.「職場の人間関係のポイント――気持ちの良い情報共有と心地良い距離感を」島津明人編『職場のポジティブメンタルヘルス――現場で活かせる最新理論』誠信書房，68-76.

Nelson, T. D. (2005). Ageism: Prejudice against our feared future self. *Journal of Social Issues*, 61 (2), 207-221.

Neugarten, B. L., Havighurst, R. J., & Tobin, S. S. (1961). The measurement of life satisfaction. *Journal of Gerontology*, 16, 134-143.

日本老年学会・日本老年医学会（2017）.『「高齢者に関する定義検討ワーキンググループ」報告書』日本老年学会・日本老年医学会.

North, M. S., & Fiske, S. T. (2012). An inconvenienced youth? ageism and its potential intergenerational roots. *Psychological Bulletin*, 138 (5), 982-997.

小田利勝（1995）.「高齢化社会に関する事実誤認――「高齢化社会クイズ」第4版による分析」『老年社会科学』16 (2), 125-135.

OECD (2006). *Live longer, work longer*, Paris: OECD.（濱口桂一郎訳（2006）.『世界の高齢化と雇用政策――エイジ・フレンドリーな政策による就業機会の拡大に向けて』明石書店.）

OECD (2018), *Working better with age: Japan, ageing and employment policies*, Paris: OECD.（井上裕介訳（2020）.『高齢社会日本の働き方改革――生涯を通じたより良い働き方に向けて』明石書店.）

OECD (2020a), Elderly population (indicator). doi: 10.1787/8d805ea1-en

OECD (2020b). Life expectancy at birth. doi.org/10.1787/27e0fc9d-en

OECD (2020c). Labour force statistics by sex and age: indicators. doi.org/10.1787/data-00310-en

大石繁宏（2009）.『幸せを科学する――心理学からわかったこと』新曜社.

岡眞人（2008）．「高齢期の職業と家計」古谷野亘・安藤孝敏編『改訂・新社会老年学』ワールドプランニング，81-106.

Okabayashi, H., Liang, J., Krause, N., Akiyama, H., & Sugisawa, H.（2004）. Mental health among older adults in Japan: Do sources of social support and negative interaction make a difference? *Social Science & Medicine*, 59 (11), 2259-2270.

岡本祐子（2018）．「21世紀のアイデンティティと世代継承性――その視点と課題」岡本祐子・上手由香・高野恵代編『世代継承性研究の展望――アイデンティティから世代継承性へ』ナカニシヤ出版，3-19.

Oldenburg, R.（1989）. *The great good place: Cafes, coffee shops, community centers, beauty parlors, general stores, bars, hangouts, and how they get you through the day*. New York: Paragon House.（忠平美幸訳（2013）.『サードプレイス――コミュニティの核になる「とびきり居心地よい場所」』みすず書房.）

大野晃（2005）．『山村環境社会学序説――現代山村の限界集落化と流域共同管理』農山漁村文化協会.

小塩隆士（2014）．『「幸せ」の決まり方――主観的厚生の経済学』日本経済新聞出版社.

大竹文雄・白石小百合・筒井義郎（2010）．『日本の幸福度――格差・労働・家族』日本評論社.

太田聰一（2017）．「若年者と高齢者の労働市場における競合関係と協働の可能性」『老年社会科学』38（4），437-444.

朴蕙彬（2018）．「日本のエイジズム研究における研究課題の検討――エイジズムの構造に着目して」『評論・社会科学』124, 139-156.

Palmore, E. B.（1977）. Facts on aging: A short quiz. *The Gerontologist*, 17 (4), 315-320.

Palmore, E. B.（1998）. *The facts on aging quiz: A handbook of uses and results*（2nd ed.）. New York: Springer.

Palmore, E. B.（1999）. *Ageism: Negative and positive*（2nd ed.）. New York: Springer.（鈴木研一訳（2002）.『エイジズム――高齢者差別の実相と克服の展望』明石書店.）

Palmore, E. B.（2001）. The ageism survey: First findings. *The Gerontologist*, 41（5），572-575.

Plath, D. W. (1980). *Long engagements: Maturity in modern Japan*, Stanford: Stanford University Press. (井上俊・杉野目康子訳 (1985). 『日本人の生き方──現代における成熟のドラマ』岩波書店.)

Preacher, K. J., & Hayes, A. F. (2004). SPSS and SAS procedures for estimating indirect effects in simple mediation models. *Behavior Research Methods, Instruments, & Computers*, 36 (4), 717–731.

Raudenbush, S. W., & Sampson, R. J. (1999). Ecometrics: Toward a science of assessing ecological settings, with application to the systematic social observation of neighborhoods. *Sociological Methodology*, 29 (1), 1–41.

Redman, T., & Snape, E. (2006). The consequences of perceived age discrimination amongst older police officers: Is social support a buffer? *British Journal of Management*, 17 (2), 167–175.

Rosencranz, H. A., & McNevin, T. E. (1969). A factor analysis of attitudes toward the aged. *The Gerontologist*, 9, 55–59.

Rowe, J. W., & Kahn, R. L. (1987). Human aging: Usual and successful. *Science*, 237, 143–149.

Rowe, J. W., & Kahn, R. L. (1997). Successful aging. *The gerontologist*, 37 (4), 433–440.

Rupp, D. E., Vodanovich, S. J., & Credé, M. (2005). The multidimensional nature of ageism: Construct validity and group differences. *The Journal of Social Psychology*, 145 (3), 335–362.

Russell, B. (1930). *The conquest of happiness*. London: Allen & Unwin. (安藤貞雄訳 (1991). 『ラッセル幸福論』岩波書店.)

Salter, C. A., & Salter, C. D. (1976). Attitudes toward aging and behaviors toward the elderly among young people as a function of death anxiety. *The Gerontologist*, 16 (3), 232–236.

Sampson, R. J. (2002). Transcending tradition: New directions in community research, Chicago style. *Criminology*, 40 (2), 213–230.

Sampson, R. J., Raudenbush, S. W., & Earls, F. (1997). Neighborhoods and violent crime: A multilevel study of collective efficacy. *Science*, 277 (5328), 918–924.

Schermuly, C. C., Deller, J., & Büsch, V. (2014). A research note on age discrimination and the desire to retire: The mediating effect of psychological empowerment. *Research on Aging*, 36（3）, 382–393.

Schimmack, U.（2008）. The structure of subjective well-being. In M. Eid & R. J. Larsen（Eds.）, *The science of subjective well-being*（pp. 97–123）. New York, Guilford Press.

Schmidt, D. F., & Boland, S. M.（1986）. Structure of perceptions of older adults: Evidence for multiple stereotypes. *Psychology and Aging*, 1（3）, 255.

清家篤（2006）.『エイジフリー社会を生きる』NTT 出版.

清家篤編（2017）.『金融ジェロントロジー──「健康寿命」と「資産寿命」をいかに伸ばすか』東洋経済新報社.

Shimazu, A., Shimazu, M., & Odahara, T.（2004）. Job control and social support as coping resources in job satisfaction. *Psychological Reports*, 94（2）, 449–456.

Simpson, G., & Yinger, J.（1985）. *Racial and cultural minorities*. New York: Plenum.

Sobel, M. E.（1982）. Asymptotic confidence intervals for indirect effects in structural equation models. *Sociological Methodology*, 13, 290–312.

袖井孝子（1981）.「社会老年学の理論と定年退職」副田義也編『老年社会学 I 老年世代論』垣内出版, 102–140.

Stuart-Hamilton, I., & Mahoney, B.（2003）. The effect of aging awareness training on knowledge of, and attitudes towards, older adults. *Educational Gerontology*, 29（3）, 251–260.

杉原陽子（2010）.「プロダクティブ・エイジング」大内尉義・秋山弘子編『新老年学 第 3 版』東京大学出版会, 1630–1634.

杉原陽子（2015）.「高齢者のボランティア活動への参加状況と心理的 well-being への影響の 13 年間の変化」『高齢者の健康と生活に関する縦断的研究──第 8 回調査（2012）研究報告書』東京都健康長寿医療センター研究所 社会参加と地域保健研究チーム, 104–116.

杉原陽子・杉澤秀博・原田謙・山田嘉子・塚原陽子・柴田博（2003）.「年金・介護保険料に対する若い世代の意識とその関連要因」『老年社会科学』25（2）, 184.

Sugihara, Y., Sugisawa, H., Shibata, H., & Harada, K.（2008）. Productive roles, gender, and depressive symptoms: Evidence from a national longitudinal study of late-middle-aged Japanese. *The Journals of Gerontology Series B: Psychological Sciences and Social Sciences*, 63（4）, P227–P234.

杉井潤子（2007）.「なぜ高齢者を差別し虐待するのか」『老年社会科学』28（4）, 545–551.

杉澤秀博（2007）.「老化の社会学説」柴田博・長田久雄・杉澤秀博編『老年学要論――老いを理解する』建帛社, 44–54.

杉澤秀博（2012）.「健康の社会的決定要因としての社会関係――概念と研究の到達点の整理」『季刊社会保障研究』48（3）, 252–265.

杉澤秀博・山田嘉子・原田謙・杉原陽子・塚原陽子・柴田博（2003）.「若年就労者の高齢者就労に対する態度に関連する要因」『老年社会科学』25（2）, 163.

Sweiry, D. & Willitts, M.（2012）. *Attitudes to age in Britain 2010/11*, Department of Work and Pensions.

田渕恵・権藤恭之（2011）.「高齢者の次世代に対する利他的行動意欲における世代性の影響」『心理学研究』82（4）, 392–398.

田渕恵・中川威・権藤恭之・小森昌彦（2012）.「高齢者における短縮版Generativity尺度の作成と信頼性・妥当性の検討」『厚生の指標』59（3）, 1–7.

Tabuchi, M., Nakagawa, T., Miura, A., & Gondo, Y.（2015）. Generativity and interaction between the old and young: The role of perceived respect and perceived rejection. *The Gerontologist*, 55（4）, 537–547.

高史明（2015）.『レイシズムを解剖する――在日コリアンへの偏見とインターネット』勁草書房.

高木朋代（2008）.『高年齢者雇用のマネジメント――必要とされ続ける人材の育成と活用』日本経済出版社.

高橋勇悦（1994）.「地域社会への期待と現実」森岡清志・中林一樹編『変容する高齢者像――大都市高齢者のライフスタイル』日本評論社, 33–55.

高橋勇悦（1996）.「都市的生活様式とボランティア社会」高橋勇悦・高萩盾男編『高齢化とボランティア社会』弘文堂, 200–224.

竹村和久（2005）.「態度と態度変化」唐沢かおり編『社会心理学』朝倉書店, 67–88.

Taylor, P., Loretto, W., Marshall, V., Earl, C., & Phillipson, C.（2016）. The older worker: Identifying a critical research agenda. *Social Policy and Society*, 15（4）, 675–689.

Taylor, P., Mcloughlin, C., Meyer, D., & Brooke, E.（2013）. Everyday discrimination in the workplace, job satisfaction and psychological wellbeing: Age differences and moderating variables. *Ageing & Society*, 33 (7), 1105–1138.

Taylor, P., & Smith, W. (2017). *What's age got to do with it?: Towards a new advocacy on ageing and work*. Per Capita (2017).

Thoits, P. A., & Hewitt, L. N. (2001). Volunteer work and well-being. *Journal of Health and Social Behavior*, 42 (2), 115–131.

Toma, A., Hamer, M., & Shankar, A. (2015). Associations between neighborhood perceptions and mental well-being among older adults. *Health & Place*, 34, 46–53.

東京都健康長寿医療センター (2019). 「多世代共創社会のまちづくりマニュアル──多世代交流・助け合い編」東京都健康長寿医療センター　社会参加と地域保健研究チーム.

Tuckman, J., & Lorge, I. (1953). Attitudes toward old people. *Journal of Social Psychology*, 37 (2), 249–260.

内田由紀子 (2020).『これからの幸福について──文化的幸福観のすすめ』新曜社.

Väänänen, A., Buunk, B. P., Kivimäki, M., Pentti, J., & Vahtera, J. (2005). When it is better to give than to receive: Long-term health effects of perceived reciprocity in support exchange. *Journal of Personality and Social Psychology*, 89 (2), 176–193.

Van Willigen, M. (2000). Differential benefits of volunteering across the life course. *The Journals of Gerontology Series B: Psychological Sciences and Social Sciences*, 55 (5), S308–S318.

Vemuri, A. W., Morgan Grove, J., Wilson, M. A., & Burch, W. R. (2011). A tale of two scales: Evaluating the relationship among life satisfaction, social capital, income, and the natural environment at individual and neighborhood levels in metropolitan Baltimore. *Environment and Behavior*, 43 (1), 3–25.

Vogt Yuan, A. S. (2007). Perceived age discrimination and mental health. *Social Forces*, 86 (1), 291–311.

Wellman, B. (1988). Structural analysis: From method and metaphor to theory and substance. In B. Wellman & S. D. Berkowitz (Eds.), *Social struc-*

tures: A network approach（pp. 19–61）. New York: Cambridge University Press.

柳澤武（2008）.「年齢差別」森戸英幸・水町勇一郎編『差別禁止法の新展開――ダイヴァーシティの実現を目指して』日本評論社，132–147.

柳澤武（2016）.「高年齢者雇用の法政策――歴史と展望」『日本労働研究雑誌』58（9），66–75.

安川悦子（2010）.「歴史学からのアプローチ」大内尉義・秋山弘子編『新老年学第3版』東京大学出版会，1599–1603.

事 項 索 引

人 名 索 引

初出一覧

本書の各章は，以下の学術論文をもとに加筆・修正をおこなった．

序　章　書き下ろし

第1章　書き下ろし

第2章　書き下ろし

第3章
原田謙（2011）.「エイジズム研究の動向と課題（論壇）」『老年社会科学』33
　　（1）, 74-81.

第4章
原田謙・杉澤秀博・柴田博（2008）.「都市部の若年男性におけるエイジズムに関
　　連する要因」『老年社会科学』29（4）, 485-492.

第5章
原田謙・小林江里香・深谷太郎・村山陽・高橋知也・藤原佳典（2019）.「高齢者
　　の若年者に対する否定的態度に関連する要因——世代間関係における「もうひ
　　とつのエイジズム」」『老年社会科学』41（1）, 28-37.（2020年度日本老年社会
　　科学会論文賞）

第6章
原田謙・小林江里香（2019）.「高齢就業者の職場における世代間関係と精神的健
　　康——媒介変数としての職場満足度」『老年社会科学』41（3）, 306-313.

第7章　書き下ろし

終　章　書き下ろし

著者略歴
1974 年生まれ．早稲田大学第一文学部哲学科社会学専修卒業．東京都立大学大学院都市科学研究科博士課程単位取得退学．博士（都市科学）
現　在　実践女子大学人間社会学部人間社会学科教授
専　門　都市社会学，社会老年学，社会調査法
主　著　『社会的ネットワークと幸福感——計量社会学でみる人間関係』勁草書房，2017 年
"Perceived age discrimination and job satisfaction among older employed men in Japan." *International Journal of Aging & Human Development*, 89（3），294–310, 2019 年
「居住満足度に関連する要因——地域環境に着目したマルチレベル分析」『理論と方法』30（1），101–115，2015 年
「都市度とパーソナル・ネットワーク——親族・隣人・友人関係のマルチレベル分析」『社会学評論』65（1），80–96，2014 年

「幸福な老い」と世代間関係
職場と地域におけるエイジズム調査分析

2020 年 11 月 5 日　第 1 版第 1 刷発行

著者　原田　謙

発行者　井村寿人

発行所　株式会社　勁草書房
112-0005　東京都文京区水道 2-1-1　振替 00150-2-175253
（編集）電話 03-3815-5277／FAX 03-3814-6968
（営業）電話 03-3814-6861／FAX 03-3814-6854
理想社・牧製本

＊表示価格は 2020 年 11 月現在．消費税は含まれておりません．